新媒体·新传播·新运营 系列丛书

U0734594

新媒体运营

AIGC版

微课版

刘军 邓琳佳 张瀛◎主编

白东蕊 王婷 武力 陈肖依◎副主编

人民邮电出版社

北 京

图书在版编目（CIP）数据

新媒体运营 : AIGC 版 : 微课版 / 刘军, 邓琳佳,
张瀛主编. -- 北京 : 人民邮电出版社, 2025. --（新媒
体·新传播·新运营系列丛书）. -- ISBN 978-7-115
-66656-7

Ⅰ. G206.2

中国国家版本馆 CIP 数据核字第 20257DM553 号

内 容 提 要

本书内容包括新媒体平台选择入门，抖音、微信视频号、哔哩哔哩、微博、小红书等平台的特点及运营方法、技巧，还包含了人工智能与新媒体融合创新、新媒体内容的发布与推广，系统介绍了新媒体平台运营的理论知识和实际操作。同时，本书还以抖音、微信视频号、哔哩哔哩、微博、小红书为例，梳理了新媒体平台运营的思路和操作流程。本书在讲解知识的同时，配以相应案例、二维码资源及课后思考与练习，旨在培养读者的实践能力，使读者能够尽快掌握新媒体运营的操作技能。

本书可作为高等院校和职业院校电子商务、市场营销和网络营销与直播电商等专业新媒体与直播课程的教材，也可供新媒体行业的从业人员，以及有志于进入新媒体领域的创业者参考使用。

- ◆ 主　　编　刘　军　邓琳佳　张　瀛
　　副主编　白东蕊　王　婷　武　力　陈肖依
　　责任编辑　曹可可
　　责任印制　王　郁　彭志环
- ◆ 人民邮电出版社出版发行　　北京市丰台区成寿寺路 11 号
　　邮编　100164　电子邮件　315@ptpress.com.cn
　　网址　https://www.ptpress.com.cn
　　北京天宇星印刷厂印刷
- ◆ 开本：787×1092　1/16
　　印张：11.25　　　　　　　　2025 年 8 月第 1 版
　　字数：218 千字　　　　　　　2025 年 8 月北京第 1 次印刷

定价：49.80 元

读者服务热线：(010)81055256　印装质量热线：(010)81055316
反盗版热线：(010)81055315

在信息飞速传播的时代，新媒体以其强大的生命力和广泛的影响力，成为人们生活中不可或缺的一部分。无论是获取新闻资讯、进行娱乐消遣，还是进行商业推广和品牌建设，新媒体都发挥着至关重要的作用。新媒体平台，如微博、微信、抖音、小红书等，正在以前所未有的速度成长，成为连接企业和消费者的新桥梁。对于想要在这个充满机遇与挑战的领域中脱颖而出的人来说，掌握新媒体运营的技巧就显得尤为关键。

本书正是为了满足高等院校学生、职业院校学生、广大新媒体行业从业人员与有志于进入新媒体领域的创业者的需求而编写的。本书汇聚了众多行业专家的智慧和经验，涵盖了新媒体运营的各个方面，从基础理论到实战技巧，从内容创作到用户运营，从平台选择到数据分析，为读者提供了一套全面、系统、实用的新媒体运营解决方案。

在编写本书的过程中，我们始终坚持以实用为导向，注重理论与实践的结合。书中不仅有深入浅出的理论阐述，更有丰富的案例分析和实战操作指导，让读者能够在阅读的过程中快速掌握新媒体运营的核心要点，并将其运用到实际工作。同时，我们紧跟时代发展的步伐，及时更新书中的内容，确保读者能够了解到最新的新媒体趋势和技术，为读者在新媒体领域的发展提供有力的支持。

无论是初入新媒体行业的新手，还是已经有一定经验的从业者，本书都将为其带来新的启发和收获。它将帮助读者更好地理解新媒体运营的本质和规律，提升其专业素养和实战能力，让其在激烈的市场竞争中占据一席之地。

让我们一起开启新媒体运营的精彩之旅吧！本书主要具有以下几个特点。

（1）内容全面。本书基于读者的学习需求，从主流新媒体平台运营、人工智能技术应用等方面，对新媒体涉及的各个环节和主要内容进行了梳理，使读者对新媒体运营及其具体操作有全方位的了解。

（2）体例结构新颖。在知识安排上，本书除了介绍新媒体的基本理论，还在每个项目末设计了"课后思考与练习"板块，以帮助读者更好地运用这些知识，并掌握新媒体运营的核心、细节和技巧。在体例格式上，本书采用项目任务式体例，每个项目的"项目导读"板块概括了本项目重点内容，可以帮助读者快速找到学习的方向；"知识目标"板块可以引导读者掌握相关的知识与操作技能；同时，书中灵活穿插了"拓展知识""课堂讨论"等栏目，用于解惑答疑、传授经验，提高读者的实践能力和自主学习能力。

（3）配套资源丰富。本书配套微课视频，通过扫描二维码，读者可直接查看相关知识和操作，加深对新媒体运营与实践的理解。此外，本书提供有精美 PPT 课件等教辅资源，以及电子教案等资源，有需要的读者可自行通过人邮教育社区网站下载。

本书由刘军（山西财贸职业技术学院）、邓琳佳（山西机电职业技术学院）、张瀛（陕西聚亮网络科技有限公司总经理）担任主编，由白东蕊（山西工程科技职业大学）、王婷（山西华澳商贸职业学院）、武力（深圳市多易得信息技术股份有限公司）、陈肖依（陕西壹提方程文化有限公司）担任副主编。参与编写人员及分工如下：刘军编写项目一、项目八，邓琳佳编写项目二、项目三，张瀛编写项目四，白东蕊编写项目六，王婷编写项目五，武力、陈肖依共同编写项目七，武力和陈肖依同时为本书提供了丰富的行业案例、企业实践素材和资料。

最后，我们要感谢所有为本书的编写提供帮助和支持的人，感谢田雅菲在全书编写中的特别贡献，感谢哔哩哔哩双星运营商星河互娱 CEO 莫鹏在本书哔哩哔哩运营实战章节编写中提供的帮助，感谢微博商学院高级讲师李朋朋在本书微博运营实战章节编写中提供的帮助，正是因为有了他们的付出，才使得这本书能够顺利出版。在此对他们表示崇高的敬意和衷心的感谢！由于时间仓促和编者水平有限，书中难免存在不足之处，欢迎广大读者批评指正。

编者

2024 年 10 月

PART 01

从新媒体用户到新媒体运营

项目导读

　　新媒体是一种以互联网平台为载体，区别于传统媒体（如报纸、广播、电视等）的媒体形态。新媒体利用包括但不限于网络媒体、手机媒体等各种数字与网络技术，快速建立传播者与用户之间的连接。随着互联网技术的发展，新媒体融入了每个人的生活，不仅成为当下人们获取重要信息的方式，也成为个人和企业实现商品营销和品牌传播的方式。

　　本项目将从新媒体新的趋势和新媒体从业人员基本要求出发，为读者开启认识新媒体的大门。

知识目标

　掌握新媒体的商业模式。
　了解新媒体的发展依赖于创作者的内容创新。
　熟悉新媒体从业人员基本要求。

能力目标

　能够了解新媒体发展的新趋势。
　能够根据新媒体的特性构建新媒体运营策略。

素养目标

　提升自我学习能力，从被动学习转向自主学习。成为一名爱学习、会学习、能学习的大学生。
　提高法治素养，了解相关法律法规，确保运营活动合法合规。

任务一　认识新媒体——无处不在的传播方式

媒体是传承人类文明、推动社会经济发展的重要手段，它拉近了人与事物之间的距离，也拓宽了人与人之间的交流领域，提高了沟通的效率。科技快速发展，新媒体作为一种新生的媒体形态快速涌现，以开放、包容、无处不在和多元化的表达，打破了传统媒体（报刊、电视、广播等）对信息的独占格局，为信息传播带来了新的变革。

新媒体能够在短时间内吸引大量用户，使"人人都是传播者"成为现实。正是因此，新媒体渐渐改变了人们的思想观念甚至生活方式。

一、从互联网到移动互联网

在 20 世纪 90 年代，移动互联网技术出现，与个人计算机（Personal Computer，PC）互联网协同，成了新一轮技术颠覆和创新的引擎。移动互联网的发展令信息的传播变得更加便捷。带宽越来越高，网速越来越快，这大大改变了人们使用个人计算机互联网的方式。人们不再受到现实环境的限制，在任意地点都可以实时了解来自互联网的全媒体信息。

2012 年 8 月，微信公众平台的推出标志着新媒体发展进入了快速爆发期，微信公众平台迅速成为继微博之后，企业、媒体、公共机构、名人及个人用户等广泛使用的又一重要运营平台。此后，越来越多具有媒体属性的互联网平台如雨后春笋般涌出。例如，以图文信息为主要传播形式的微博、微信公众号、小红书，以短视频为主要传播形式的抖音、快手，以中长视频为主要传播形式的哔哩哔哩（Bilibili），这些平台在各自的领域不断发展并相互融合。

2019 年，随着数字乡村建设被提上日程，农村地区逐渐成为新媒体产业未来发展的一个重要增长点。尤其是在通信资费下降、基础设施建设日趋完善的背景下，新媒体产业发展为农村经济发展提供有力支撑。

课堂讨论

纵观新媒体的发展，你认为新媒体和传统媒体有何区别？

二、走进新媒体营销时代

新媒体营销是指利用微信、微博、抖音、小红书、哔哩哔哩等新兴媒体平台进行品牌推广和商品营销的运营方式。它通过策划与品牌推广和商品营销有关的优质内容和活动，向目标用户精准推送消息，达到精准营销的目的。品牌利用新媒体的宣传方式实现营销效果通常需要经历以下三个阶段。

1. 获取新用户

品牌想要通过新媒体账号精准获取用户，必须结合品牌特点进行账号定位，深入分析用户的内容偏好，围绕用户喜好收集相关素材，策划并制作内容。品牌在获取新用户、内容策划与制作中，需要注意以下两点。

（1）内容有趣

从排版形式到内容本身，都需要具备趣味性，才能吸引用户的注意力，激发他们的新鲜感和期待感。用户一旦对内容产生新鲜感和期待感，便更容易关注品牌并转发品牌相关的内容。

（2）内容有用

品牌的营销信息需要为用户提供实用价值，帮助用户解决实际遇到的问题，或者对用户现有的问题提出迭代的解决方案。只要内容对用户有价值，并且具备工具属性，就能有效吸引用户的关注。

通过有趣且实用的内容，品牌可以与用户建立更好的连接，实现精准营销的目标。

2. 留存用户

有趣且实用的内容能够为品牌的新媒体账号带来流量，但决定新媒体运营效果的关键在于商品的竞争力与品牌对优质内容的持续生产能力。以下是留存用户、提升新媒体运营效果的七个策略。

（1）提供有价值的内容

品牌应在新媒体平台上发布有趣、有用、有价值的内容，吸引用户的关注并提升用户留存率。品牌应根据目标用户的需求和兴趣，定期发布相关资讯、故事、活动和教程等内容，并通过互动和反馈增强用户黏性。

（2）与用户建立互动

品牌应及时回复用户的评论和私信，积极与用户进行互动，表达对用户的关心和重视，鼓励用户参与讨论、提问、分享，增加用户的参与度和黏性。

（3）定期推送信息

通过新媒体平台，品牌应定期推送关于产品、服务、优惠券及活动等信息，提醒用户关注并参与。可以采用定时发布推送通知的方式，保持与用户的持续联系。

（4）开展用户调研和反馈

通过新媒体平台，品牌应开展用户调研，收集用户反馈，了解用户的需求、意见和建议。可以通过问卷调查、投票、留言等方式，增加用户参与感，同时优化自身的产品和服务。

（5）社群运营

品牌应根据目标用户的特点，建立并运营相关的社群，如微信群、抖音群、微博话题和论坛群等。通过社群活动、社群专业问答等方式，增加用户的活跃度。

（6）提供个性化服务

通过新媒体平台，品牌可以为用户提供个性化服务，满足其个性化需求。根据用户的喜好、购买记录和浏览行为，推荐相关的内容或产品，提升用户的满意度和留存率。

（7）数据分析与优化

通过新媒体平台的数据分析功能，品牌可以了解用户的行为和偏好，优化自身的内容和服务策略，提高用户的留存率。品牌可以通过分析用户的点击量、分享量、留存时间等指标，优化发布时间、内容类型、推送方式等，持续提升运营效果。

通过以上策略，品牌可以更好地利用新媒体平台，通过精准营销实现用户价值最大化。

3．激活老用户

激活老用户是品牌新媒体账号运营过程中非常重要的一个环节，可以最大限度地利用沉淀的用户资源，提升用户活跃度。以下是激活老用户的六种方法。

（1）定期推送个性化内容

品牌可以通过了解老用户的兴趣和偏好，定期推送个性化内容，满足老用户的需求，增加用户的参与度和黏性。

（2）建立会员等级制度

品牌可以通过设立积分制度或会员等级制度，向老用户提供专属福利和权益。

（3）加强社群互动和线下活动

品牌应在新媒体平台上建立社群，促进与老用户之间的交流与互动。定期组织线下活动，进一步加深用户间的交流，增加用户的归属感和忠诚度。

（4）提供独家优惠和活动

品牌应向老用户提供独家的优惠和活动。例如，提供折扣码、专属礼物、专属优惠等，激发老用户持续关注品牌新媒体账号的动力。

（5）鼓励用户转发分享

品牌应通过设置奖励机制，如积分、抽奖等，鼓励老用户转发、分享有趣的内容，扩大品牌新媒体账号的影响力。

（6）定期回访和问卷调查

品牌应通过定期回访和问卷调查，了解老用户的使用体验和需求，及时回应用户反馈，优化产品和服务，增加用户的满意度和忠诚度。

通过以上方法，品牌可以有效激活老用户，增加他们对品牌新媒体账号的关注度和观看频率，提高老用户的忠诚度和参与度。

拓展知识

> 新媒体营销实际上是通过新媒体平台，提高信息传递的效率，促进品牌与消费者之间的互动，进而更好地满足消费者消费升级的需求。

任务二　了解新媒体不同商业模式的区别

不同账号有着不同的新媒体应用场景，下面以生产型企业、销售型企业和创作型"达人"这些不同类型的账号来解析其新媒体商业模式的不同。

一、生产型企业与新媒体

生产型企业是指专门从事商品生产和销售的企业，主要通过生产和销售商品来盈利。生产型企业与新媒体之间存在着密切的关系和互动，具体体现在以下几个方面。

（1）广告和宣传推广

生产型企业可以通过新媒体平台进行广告投放和宣传推广，增加商品的曝光度和知名度，吸引更多潜在消费者的关注。

（2）市场调研和用户反馈

新媒体平台为生产型企业提供了便捷的市场调研渠道。企业可以通过新媒体平台及时了解消费者对产品的需求和反馈，进而及时调整产品设计和营销策略。

（3）建立品牌形象

通过新媒体平台，生产型企业可以传播企业文化、理念和品牌形象，树立良好的企业形象，增强消费者对企业的认可度和忠诚度。

（4）销售渠道拓展

通过新媒体平台，生产型企业可以拓展产品的销售渠道，提高产品的销售效率，扩大市场覆盖范围，实现销售的多元化。

（5）用户互动和客户服务

通过新媒体平台，生产型企业可以与消费者直接互动，及时回应用户的问题和需求，提供更好的用户服务，提升用户体验。

总体来说，新媒体为生产型企业带来了很多机会和优势，可以帮助企业提升品牌形象、扩大市场份额、提高销售效率并增加利润。因此，生产型企业应积极利用新媒体平台，与消费者进行有效的互动和沟通，推动企业的可持续发展。

拓展知识

　　生产型企业在传统媒体为主导的环境中，离终端消费者较远，但自从有了新媒体的传播渠道后，生产型企业也有了更多和消费者沟通的可能，这能帮助企业更好地打造自己的品牌。

二、销售型企业与新媒体

新媒体在销售型企业中发挥着重要的作用。它不仅可以帮助企业推广产品和服务，提升品牌知名度，还能有效吸引潜在用户，进而推动销售业绩的增长。

首先，新媒体为企业提供了一个多元化的营销平台，使销售型企业能够根据产品特性精准选择适合的渠道，从而更高效地与目标用户沟通。通过新媒体平台，企业可以发布产品、促销活动及行业动态等信息，与用户互动并建立良好的关系。这种双向互动不仅有助于企业深入了解用户需求，还能为用户提供个性化的解决方案，从而提升销售效率。

其次，新媒体可以扩大销售型企业营销的受众范围并提高营销精准程度。传统媒体的覆盖面虽然广泛，但很难做到精准投放，新媒体平台可以依托自身的大数据技术，把营销信息精准地投放到用户面前。此外，通过搜索引擎优化（Search Engine Optimization，SEO）和购买平台广告等策略，企业可以增加自己在搜索结果中的曝光率，提高网站流量，吸引更多潜在用户访问网站，从而创造更多销售机会。

最后，新媒体为销售型企业提供了更多销售渠道。这些新兴渠道不仅可以帮助企业扩大销售规模，还能为用户带来更方便快捷的购物和交易体验，吸引更多潜在用户。

总之，新媒体在销售型企业中发挥着重要的角色。它可以帮助企业与目标用户有效沟通，扩大受众范围，并提供更多销售渠道。销售型企业应利用新媒体的优势，充分发挥其在产品推广和促进销售增长中的作用。

三、创作型"达人"与新媒体

创作型"达人"是指在某个领域内具备卓越创作才能、创新思维和表达能力的人才，他们能够通过对自己擅长的领域的思考和创作，为社会带来新的价值和影响。创作型"达人"与新媒体之间形成了一种互相促进的关系，创作型"达人"可以通过新媒体获得更广泛的曝光度和影响力，而新媒体也需要创作型"达人"为其提供优质的内容和创意。新媒体的兴起给予了创作型"达人"更广阔的舞台和更多的机会，让他们的创作内容得以更广泛地传播和推广。

（1）提供更多曝光机会

新媒体为创作型"达人"提供了更多曝光机会。通过社交媒体和影音平台，创作型"达人"可以将自己的作品上传或发布，吸引更多的点赞量和"粉丝"量。新媒体平台的广泛使用，使得创作型"达人"的作品可以更迅速地传播，更容易被大众发现和认可。

（2）提供更多互动和获得反馈机会

新媒体为创作型"达人"提供了更多互动与获得反馈的机会。通过社交媒体上的评论、点赞和转发，创作型"达人"可以与"粉丝"们进行互动交流，了解他们对作品的看法和意见。这种反馈机制能够帮助创作型"达人"不断改进和提高自己的创作水平，更好地满足"粉丝"的需求。

（3）提供更多创作方式和形式

新媒体还为创作型"达人"提供了更多的创作方式和形式。不同于传统媒体的限制和约束，新媒体赋予了创作者更大的自由度和创新空间，使得创作型"达人"可以更灵活地选择不同的媒介和表现形式，从而更好地展现自己的创作才华。

总体来说，创作型"达人"与新媒体之间关系既推动了创作型"达人"创作的进步与影响力的扩大，也促进了新媒体的持续发展与繁荣。

课堂讨论

不同的新媒体平台有着很多优质"达人"，你认为对整个新媒体行业来说，是平台重要还是"达人"重要？

任务三 新媒体平台的现状与未来

一、永远稀缺的原创内容

对新媒体平台而言，优质内容始终是稀缺资源。从一定程度上讲，内容质量是吸引用户的关键，决定了"粉丝"量、播放量，以及能否在竞争激烈的自媒体环境中生存。

1. 原创内容是用户关注的基础

在"人人都是媒体"的时代，各平台充斥着海量信息，人们用自己的喜好挑选自己喜欢的信息，屏蔽不感兴趣的信息。如果自媒体的内容能够跳出"千篇一律"的表达，从独特视角出发，保证内容的新鲜感与原创性，创作用户关注的内容，增加信息的时效性和新鲜度，那么用户就会自然而然产生兴趣，进而进行关注和转发。

如同每篇原创文章都有着创作者独特的风格，文中个性化的表达方式、语言习惯等，都是难以复制的特色，别人很难模仿。自媒体创作者做自媒体时也一定要保持自己的特色，彰显自己的个性，不仅能够积累忠实"粉丝"，还可能成为某一领域的关键意见领袖（Key Opinion Leader，KOL）。

2. 原创内容是各平台扶持的重点

各平台对自媒体原创内容的重视是显而易见的。随着自媒体的发展，虽然平台的准入门槛不断降低，但是对内容质量的要求却在不断提高。例如，头条号注重对原创视频内容的扶持力度。对平台来说，优质的自媒体创作者是其生态的重要组成部分。自媒体创作者都在争夺平台的原创作者资格，一旦打上原创作者的标签，无论是流量还是收益都会显著提升。

3. 原创内容是保持搜索排名的关键

原创内容是提升平台搜索引擎排名的重要因素。新媒体平台的搜索引擎算法会过滤掉重复或转载的内容，也就是说复制他人而没有实际原创的内容，只会被搜索引擎判断为重复内容，降低相关权重。相反，若选定某一领域，一直持续不断地向用户输出有价值的内容，那么搜索引擎就会提高内容展示频率，平台会优先推荐。即使内容并非最新发布，仍有可能被用户持续发现。因此，坚持原创是获得阅读量和推荐量的关键。

4. 原创内容能够避免抄袭导致的侵权问题

抄袭他人原创内容可能会造成侵权问题，还可能会损害账号的信誉和导致用户信任度降低，得不偿失。原创内容的重要性在于，原创内容不仅是吸引用户、提升平台账号权重的核心，更是避免侵权、树立个人品牌的关键。在自媒体竞争日益激烈的环境下，坚持原创是创作者脱颖而出的必由之路。

二、不同平台内容的差异化

新媒体平台对新媒体行业的发展起到了重要作用，在市场的选择过程中，出现了不同类型的新媒体平台，可以从内容特点和用户标签两个维度对不同类型的新媒体平台进行分类总结。企业可根据分类总结的内容，选择能够有效帮助其实现运营目标的新媒体平台。

1. 社交媒体平台

社交媒体平台的典型代表有微信朋友圈，用户可以在朋友圈分享文字、图片、视频等内容，并与其他用户交流互动。由于朋友圈的内容只有微信好友才可以看到，所以朋友圈的内容具有私域属性，运营好朋友圈的前提是足够多的微信好友数量。微信朋友圈平台特点有注册门槛低、界面简约、自带私域流量、内容生态闭环等。

2. 视频分享平台

视频分享平台的典型代表有优酷视频、腾讯视频、哔哩哔哩等，用户可以上传自己制作的视频，并观看其他用户的视频内容。这类平台创作内容属于长视频，一般为横版视频，多以专业生产内容（Professionally Generated Content，PGC）为主，对视频制作要求较高。视频分享平台中，相比于优酷视频、腾讯视频等平台，哔哩哔哩更加尊重原创，鼓励用户创作。

3. 短视频平台

短视频平台的典型代表有抖音、快手、微信视频号等，用户可以录制短视频并进行编辑和分享，其内容传播效率高，形式多样。内容经过平台流量算法机制的推荐，让普通人也能凭借优质内容获取高播放量。个性化兴趣标签的推送机制，让用户不断刷到喜欢的内容，同时培养了用户的使用习惯，短视频平台的兴趣电商模式更是改变了用户的消费习惯。

4. 音频平台

音频平台的典型代表有喜马拉雅、蜻蜓 FM 等，用户可以收听、上传和分享各种类型的音频内容，包括音乐、有声书、广播等。

5. 新闻资讯平台

新闻资讯平台的典型代表有今日头条、网易新闻等，用户可以从中获取新闻资讯、深度文章等内容，并进行评论和分享。

6. 图片社交平台

图片社交平台的典型代表是小红书，用户通过图文结合的形式分享生活、购物、美食、美妆、旅游等经验和心得，并与其他用户互动、交流。小红书以年轻女性为主要用户群体，具备社交属性强、内容精细化、电商"种草"能力强的特点。

以上列举的仅为常见的新媒体平台类型，随着互联网技术的发展和用户需求多样化，新的类型将不断涌现。

任务四　新媒体从业人员基本要求

一、从业人员能力清单

新媒体运营的主要工作是输出优质内容、进行相关搜索引擎优化、维护新媒体账号、增加关注度和"粉丝"量，以及实现产品变现。在吸引用户关注后，新媒体从业人员要维护"粉丝"群，多与"粉丝"互动，不断提升"粉丝"的活跃度，从而实现持续变现。接下来，我们将详细探讨新媒体从业人员需要具备的工作能力。

（1）沟通能力

新媒体从业人员需要具备清晰、准确地表达自己的想法和观点，和团队成员进行有效的沟通和协作的能力。新媒体从业人员不仅在公司内部或者团队中要有一定的沟通能力，处理对外合作事项时，也要具备一定的沟通能力，才能够更好地开展工作。

（2）创意能力

新媒体从业人员需要具备独立思考、提供创新的观点和有创意的解决方案的能力，在新媒体平台上制作出有吸引力和引人注目的内容。

（3）写作能力

新媒体从业人员需要具备以清晰、精练的文字撰写新闻稿等文案的能力，写出吸引用户的内容。

（4）视觉设计能力

新媒体从业人员需要具备基本的视觉设计技能，能够进行简单的图像处理和排版设计，制作出高质量的视觉内容。

（5）社交媒体管理能力

新媒体从业人员需要熟悉各种社交媒体平台的特点和规则，具备有效管理社交媒体的能力，包括内容策划、发布、互动等。

（6）数据分析能力

新媒体从业人员需要具备分析和总结新媒体平台的数据，了解用户行为和喜好，从而优化内容和运营策略的能力。

（7）策划能力

新媒体从业人员需要具备制定有效的新媒体策划方案的能力，包括制定推广目标、确定目标用户、制定推广策略等。

（8）技术应用能力

新媒体从业人员需要了解新媒体平台的基本技术原理和操作方法，能够熟练使用各种新媒体工具和软件进行内容制作和发布。

（9）热点反应能力

借助热点的影响力吸引用户关注是新媒体运营的重要流量获取手段。一有热点事件出现，必定会有非常多相关的文章、视频和活动跟进，但效果参差不齐。关键有二，一是热点和自身是否契合，二是能否有一个与众不同的切入点吸引用户眼球。跟进热点的重点在于将自身的特点与热点切入点结合。

（10）渠道整合能力

该能力分两种，一是整合企业内部渠道，如微信、微博、店面、广告牌等的能力；二是整合外部资源，推动和其他企业合作的能力。

二、熟知相关法律法规

新媒体平台发布信息速度快、时效强、准入门槛相对较低，但这绝不意味着新媒体行业是法外之地。在新媒体时代，信息传递速度快、传播范围广，信息发布需要严格的法律法规来规范。新媒体从业人员必须熟知相关法律法规。新媒体的法律法规主要包括以下几个方面。

（1）《互联网信息服务管理办法》

该法规明确互联网信息服务规范，包括互联网信息服务提供者的许可和备案、信息内容审核和管理要求、用户信息安全管理制度等。

（2）《中华人民共和国网络安全法》

该法规旨在保障网络安全，包括网络运营者的网络安全保护责任、网络安全事件的报告和处置要求等。

（3）《中华人民共和国广告法》

该法规规定了互联网广告的管理要求，包括广告发布者的资质要求、广告内容核对、广告促销活动的规范等。

（4）《中华人民共和国电信条例》

该法规规定了电信业务经营者的管理要求，包括电信业务经营者的经营许可和备案要求、用户隐私保护要求、通信数据保护要求等。

（5）《中华人民共和国著作权法》

该法规规定了著作权保护要求。

除了以上介绍法律法规，还有其他相关的法律法规，如《信息安全技术——网络安全等级保护基本要求》《中华人民共和国计算机软件保护条例》等，这些法律法规共同构成了新媒体领域的法律监管体系。

课后思考与练习

任务情境

新媒体是互联网信息传播的主要途径之一，很多企业在运营新媒体账号的过程中会面临账号主体是个人还是企业的选择。金苹果是一家销售农产品的公司，在借助新媒体平台发布营销信息时就面临账号主体选择的困惑。请同学们帮助金苹果公司分析个人为主体的新媒体账号相较于企业账号的优势和劣势分别是什么。

实施要求

为该公司选择合适的账号主体推广公司产品。

实施步骤

请同学们选择适合公司的账号主体性质，并填写表 1-1。

表 1-1　公司账号主体性质

账号主体性质	选择原因	产生效果

PART 02

项目二
抖音运营实战

项目导读

　　抖音，是由北京抖音信息服务有限公司（曾用名：北京字节跳动科技有限公司）孵化的一款音乐创意短视频社交软件。该软件于2016年9月20日上线，是一个面向全年龄段用户的短视频社区平台，用户可以通过这款软件选择音乐，拍摄视频形成自己的作品。2021年4月，抖音首次提出"兴趣电商"的概念，一种基于人们对美好生活的向往，满足用户潜在购物兴趣，提升消费者生活品质的电商。简单来说，就是"货找人"的创新电商模式。2022年5月31日，在抖音电商第二届生态大会上，抖音宣布了抖音电商的新计划，将兴趣电商升级到全域兴趣电商阶段，覆盖用户全场景、全链路购物需求，满足用户多元化的消费需求，让货架和商场共存，打通"货找人"和"人找货"的双向消费链路。

知识目标

| 了解并熟悉抖音的发展历程及平台特点。
| 了解并熟悉抖音账号的运营。
| 熟悉并掌握抖音电商之路。

能力目标

| 能够完成抖音账号从定位到运营的全流程。
| 能够完成抖音平台的选品与实操全流程。

素养目标

| 培养学生树立诚信意识。诚信是新媒体运营的基石，虚假信息不仅会误导用户，还会损害新媒体的公信力。
| 培养学生自觉遵守法律法规和职业道德，以自律的态度规范自己的运营行为。

任务一　抖音平台的发展历程及平台特点

近年来，中国短视频市场进入高速发展期，许多互联网巨头纷纷进军短视频市场，建立短视频平台，其中抖音是最具代表性的平台之一。

抖音于 2016 年 9 月上线，经过短暂探索之后快速走红，成功在竞争激烈的市场中脱颖而出，与另一个短视频应用快手共同将"短视频"这一概念推向了全国。自 2017 年 11 月起，抖音在各大应用市场摄影与录像类应用的下载数排名稳居前列。那么，抖音是如何实现这一目标的呢？

一、抖音的短视频之路

抖音的发展分为三个阶段：发展第一阶段为产品打磨期，2016 年 9 月—2017 年 4 月；发展第二阶段为运营驱动的高速增长期，2017 年 5 月—2018 年 1 月；发展第三阶段为自增长的稳定期，2018 年至今。

1. 发展第一阶段：专注功能开发，确立产品功能基调

2016 年 9 月—2017 年 4 月，抖音从 V1.0.0 迭代至 V1.4.0 版本。此时，抖音的市场定位是"专注于年轻人的 15 秒音乐短视频社区"。

在起步阶段，抖音的日活跃用户仅十几万。这一时期的重点在于产品功能开发和用户体验优化。抖音一方面不断完善拍摄功能；另一方面密切关注市场反馈，验证目标用户群体是否喜爱这款产品，以及产品功能是否符合他们的需求。

2016 年，抖音意识到专业生产者的潜力，推出了新的推荐机制和扶持计划，即"中心化运营模式"。该模式优先扶持部分优质用户，通过提升头部用户的创作热情和黏性，进而带动普通用户的参与。

2017 年 3 月，抖音借助微博上某"大 V"转发带有抖音 Logo 的视频为契机，成功抓住流量红利，吸引了大量用户。

在此之后，大量明星也开始入驻抖音，抖音流量也有向"头部大 V"倾斜的迹象。与此同时，娱乐化、流行化的文化氛围也让抖音更符合年轻人的调性。至此，抖音的定位更加明确，即属于年轻人的短视频社区。

用户的涌入使得提升产品体验越来越重要。在抖音初期成长的过程中，早期用户给产品提了许多意见，而这一批人作为与抖音一起成长起来的人群，对整个社区的文化认同感也较高，因此用户黏性很强。有了大量用户的反馈，抖音也逐渐变得流畅、好玩起来。

2. 发展第二阶段：专注传播运营，探索盈利模式

2017 年，抖音进入第二阶段（V1.4.2—V1.6.7）。在这个阶段，抖音的重心是产品的传播和盈利模式的探索。

为了扩充用户来源，抖音一直在强调自己的社交属性。2017 年 6 月发布新版本时，抖音在首页新添加了"附近"界面，用户可以通过搜索"附近"寻找本地相关的视频和用户，增加了社交的贴近性，此举也进一步增加了抖音视频的曝光量。

在运营国内市场的同时，抖音也没有放过海外的机会。同年 8 月，抖音正式出海，取名 tiktok，实践也证明这次出海相当成功。在日本，tiktok 甚至一度排在苹果应用商店（App store）排行榜第一名。

2017 年 12 月，抖音对外推出一个全新功能"尬舞机"，这一功能让用户随时随地打开抖音就可以体验线下跳舞机的玩法。抖音也成为国内首个将"人体关键点检测"技术应用于全身的产品。

这项黑科技的应用再次为抖音的大火添足了"柴火"，抖音日下载量从一周前的不到 20 万次一度飙升至 43 万次，达到年度下载量高峰。

而由于这一年大量赞助国内主流的综艺节目，引入明星等动作，抖音用户量大幅度增长，进入同类产品的第一梯队，在下载总榜上排名第二，在摄影与录像类别排名第一。

3. 发展第三阶段：发力用户增量，完善内容质量

自 2018 年年初，抖音踏入了第三个阶段，即高增长后的沉淀。如果说 2017 年，抖音还只是个日活跃用户数（日活）峰值只有 1 700 万人的音乐小视频社区，不足以和日活已经过亿的快手相抗衡。那么随着 2018 年春节的到来，局面则有了更大的不同。

2018 年春节，抖音用线下广告进行推广，拉新效果显著。春节假日期间，部分头部"大 V"的"粉丝"量涨了 4 倍，抖音日活从 3 000 万人冲到 7 000 万人。上线 17 个月之后，抖音日活突破 1 亿人。

与此同时，抖音仍在探索流量变现的渠道，并于 2018 年 3 月开通了淘宝渠道，多个百万级的抖音号中出现了淘宝的带货链接，进一步增强了平台"大 V"的黏性。

但是随着用户数量和内容数量的暴增，抖音平台也出现了很严重的问题，如视频质量参差不齐，评论区有很多不和谐信息。此时的用户群体也已经从最初设定的 90 后、00 后，扩大到其他年龄层。这与抖音初始年轻化的形象有所背离。

因此第三阶段，在继续提供高质量视频、探寻变现方式的同时，完善举报功能，构建和谐社区成了抖音主要任务。2018 年 4 月抖音上线了防沉迷系统，成为国内首个上

线防沉迷系统的短视频产品，根据用户每日的使用时长对用户进行时间提醒等。

目前，产品的基本功能和模块经过前面几个时期的发展已趋于成熟，产品运行稳定性也较好。然而产品过关之后，如何增强用户黏性，依靠自身的优质属性实现用户数的自增长又成了抖音的新课题。

用户增长主要靠好的内容。为了扶持好内容，抖音推出了"创作者成长计划"。这一举措让抖音不再只扶持"头部大 V"，转而激发中部创作者的创作能力，让抖音的内容质量再上一个新的台阶。

课堂讨论

查阅快手的有关资料，对比抖音和快手，思考快手应该如何布局？

二、抖音的流量池与推荐机制

1. 抖音流量池

抖音流量池是抖音用来筛选出优质内容的推荐算法。当创作者在抖音发布任何一条作品后，无论作品的质量好坏，系统都会根据作品的内容、文案等，把作品推荐给最有可能对该作品感兴趣的一部分人群。这部分人群就可以理解为一个流量池，接下来，抖音会根据作品在对应流量池里的数据反馈和表现，来决定是否把作品推送给更多人群，即推到下一个更大的流量池，或者就此停止推荐。

抖音流量池的推荐总结为以下四步。

第一步：视频通过审核后，进行冷启动流量池曝光。比如"达人"今天上传一个视频，通过审核的视频，系统将会分配给该视频一个初始流量池，有 200-300 名在线用户（也可能有上千名用户）。不论"达人"的账号是否是头部账号，只要有能力产出优质内容，就有机会跟头部账号竞争。

第二步：数据加权。抖音会根据这几百至上千次曝光产出的数据，结合账号分值来分析是否给"达人"加权。数据包括完播率、点赞数、关注数、评论数、分享数等。图 2-1 为抖音视频质量算法示意图，以上数据都会对短视频质量打分造成影响，以及影响是否要对短视频作出加权的判断。

第三步：加大推荐。这一步会给数据好的视频进行更大的加权，并且会在第三步中强化人群标签分发，让内容分发得更加精准。类似"猜你喜欢"，视频是有标签的，用户也是有标签的，两者之间会做标签匹配。

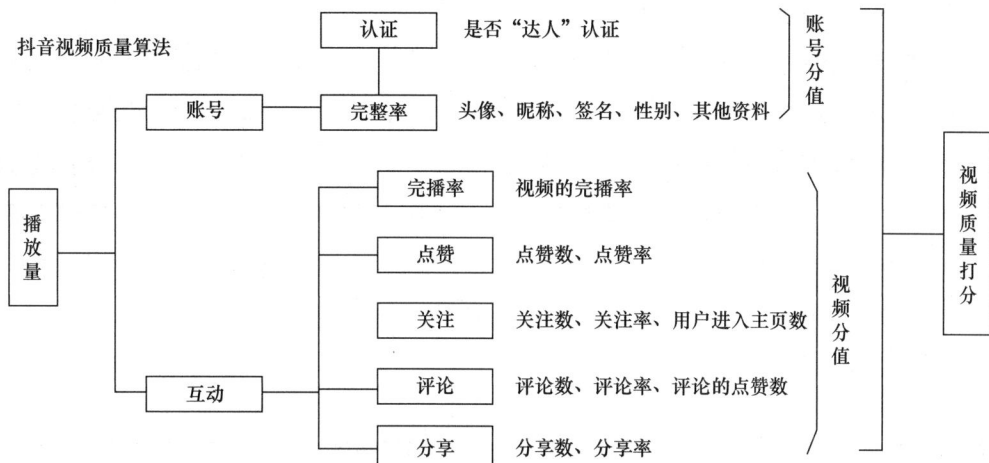

图 2-1　抖音视频质量算法

第四步：进入精品推荐池。视频一旦进入精品推荐，就有了大规模曝光，此时人群标签也就被弱化了。

2. 抖音推荐机制

创作者在选择入驻抖音的时候肯定是希望自己能够收获流量和"粉丝"，能够获得平台的推荐，那么抖音的推荐机制到底是什么样的呢？

（1）去中心化

在抖音发布的每个作品，无论账号"粉丝"多少，都有一个流量池，传播效果取决于作品在这个流量池的表现。对作品的流量分配主要是基于附近用户和关注用户，再结合用户的相关数据标签进行发放，也就是根据用户行为，判断出用户感兴趣的视频，再进行推送。判断依据是关注数、点赞数、评论数、转发数和完播率等数据，点赞数多、转发数多、完播率高的视频才有可能被持续推送给更多用户。

（2）叠加推荐

叠加推荐是指每次推荐的作品被判定为用户感兴趣的内容时，作品会被增加权重，推荐量也就更多，像我们看到的几百万次点赞的视频作品，都是这样一点点火爆起来的。但一个视频持续热度是有限的，因为平台需要有新鲜的内容，一般情况下视频热度会持续一周左右。不过如果有很多用户都在跟拍或者模仿该视频内容的话，视频热度会持续更长时间。

此外，抖音还有一个数据判断机制，如果创作者发布的历史作品数据不是很好，但有一条作品很受用户喜欢，抖音平台就会认为该创作者的作品很受市场欢迎，便会扶持该账号，给账号更多的流量。受吸引而来的用户会去创作者的主页观看其他视频，用户点击观看得多，平台会自动判断这些视频也很受欢迎，所以还会进行推荐。

（3）三个等级流量池，逐步加大流量

抖音有三个等级的流量池，分为低级、中级和高级，根据账号权重的不同分配到的流量池不同，相对应的曝光量也不同。作品内容的受欢迎程度决定了流量池等级的高低。平台根据账号前 5 个作品的反馈数据，将作品分配到不同等级的流量池。如果创作者连续发布了一周的视频作品，播放量均在 100 次以下，平台就不会再对作品进行推荐了。视频作品持续一周播放量稳定在 300 次左右，会被判定为低权重号，分到低级流量池；当视频作品播放量持续上千，就具备上热门的可能性，这时候再追热点，视频作品就有上热门的机会。

拓展知识

在流量机制中，抖音有很多数据来判断视频质量的优劣，但是最关键的数据是完播率，所以创作者们会把视频中最精彩的部分前置，以获取更高的完播率。

课堂讨论

什么类型的内容可以有效地提高视频的完播率？

三、创作者与内容分类

1. 创作者分层

目前短视频创作者有两种分层。一种是头部专业内容创作者，视频播放量在百万次以上，已形成"粉丝"规模和一定的知识产权（Intellectual Property，IP）影响力；另一种是中长尾内容创作者。前者又分为学院派创作者和多频道网络（Multi-Channel Network，MCN）孵化创作者。后者多由本地创作者成长起来，虽然其播放量不如头部专业内容创作者，视频质量也不稳定，但中长尾内容创作者的存在进一步拓宽了内容领域，满足了用户的个性化需求。

（1）头部专业内容创作者

① 学院派创作者

陈翔导演策划的搞笑类短视频《陈翔六点半》，截至 2025 年 7 月在抖音上有超过 7 000 万"粉丝"，还被拍成了网络大电影。而陈翔自己是影视科班出身，一直在电视台从事影视工作。

一步步走到千万级别大号的"papi酱"，拥有3 000多万"粉丝"，创作的内容都是发生在大家身边的事情，其接地气的表演代入感超强，深受"粉丝"的认同。"papi酱"毕业于中央戏剧学院导演系，现在除了视频内容创作，她也从事着主持人、演员、编导等工作。

② MCN孵化创作者

"一禅小和尚"登录抖音后，仅仅半年时间吸粉人数就达到了2 000万，截至2025年7月，粉丝数超过4 000万，成为全网超级IP之一。凭借着3D动画的内容形式、软萌可爱的人物形象、情感鸡汤的视频内核，覆盖了几岁到几十岁的全年龄段群体。其制作团队来自大禹网络，这类3D动画视频对制作要求很高，前期投入会比较大。

提到短视频，MCN是不可绕过的一个点。MCN可以通过发行及内容运营对合作IP进行包装、孵化，以及商业化运作。

（2）中长尾内容创作者

拍摄黔东南苗寨民俗风情视频的"欢子TV"，在抖音有100多万"粉丝"，证明了"三农"题材在短视频领域的可行性和生长空间。

湖南的"乡野丫头"账号，从拍摄农民的真实日常切入，内容朴实接地气，在抖音"粉丝"数超过300万。

2. 创作者特征

不管是学院派、MCN孵化，还是本地创作者，这些脱颖而出的短视频创作者都有一些相同的典型特征。

（1）垂直领域

定位一定要垂直，不论切入的领域是热门还是小众，内容要始终围绕某一领域生产。这样才能形成固定的"粉丝"认知，也能吸引和培养更精准的"粉丝"用户。

（2）持续稳定输出

持续稳定输出可以总结为两个字"坚持"。坚持背后需要多种因素支撑。比如时间、选题、创意等。做到这些，靠的不仅仅是热情和灵感，一定还有工具和方法，比如一套行之有效的标准操作规范（Standard Operating Procedure，SOP），或者固定的选题策略。

（3）人格IP化

前两点如果做好了，创作者就可以为短视频账号进行IP赋能。人格化的视频能让创作者和用户之间发生有温度的交互，提高"粉丝"黏性。若有真人出镜，账号后期变现的可能性会更多，可以接一些商演。

（4）全渠道分发

自媒体平台百花齐放，为创作者提供了曝光引流"吸粉"的有利条件。生产出内容以后，创作者们也会"一键"分发到多个平台（可能会有签约的独家首发，也会针对平台特点做一些差异化调整），形成全网的流量矩阵，覆盖更多用户。

3. 抖音的内容分类

在进行内容创作之前，创作者首先要了解目前抖音上的内容分类，这样才能给创作带来一些方向上的指导。抖音常见的内容分类如下。

（1）颜值才艺类

该分类主要靠直播变现，抖音发展第一阶段的"达人"以颜值才艺类为主。

（2）商品类

该分类包括美妆、穿搭、好物推荐、商品评测等，其目的是把产品推荐给"粉丝"，作品内容并不是直接卖产品，而是先对人设进行包装。内容定位一般是化妆教程、穿搭教程、产品种草等。账号获得"粉丝"后进行电商变现，这类账号垂直度较高，变现能力较强，除了"带货"，还可以接广告。

（3）知识类

该分类包括各种生活小技巧、各种唱跳教程、理财教程、摄影教程及各种职业技能等。知识类内容主要是做知识分享，先输出有价值的内容吸引"粉丝"关注，然后进行课程销售。

（4）娱乐搞笑类

该分类比较适合打造个人 IP 标签，内容受众比较广，容易"吸粉"。该分类账号主要通过接广告来变现。

（5）科技类

该分类包括手机、计算机、软件、工具等，账号主要内容是做产品使用测评，需要一定的专业基础，可以跟厂商合作做产品体验视频来变现。

（6）记录类

该分类包括工作、创业、生活、家庭记录等，主要的内容是分享自己的日常状态。该类账号通过打造个性化内容来吸引"粉丝"，后期通过产品销售、广告等方式变现。

（7）解说类

该分类包括游戏解说、电影解说、故事解说、人物解说等，主要内容是录像或者二次剪辑后加解说配音。解说类内容比较适合入门的新手，其创作成本低，受众广，容易"吸粉"，但是变现能力偏弱一些。

内容细分的类型还有很多，比如探店、旅行、体育、萌宠、动物及政务等。

　　想成为抖音"达人"的人很多，但是很多人不知道自己能做什么，适合做什么类型的视频内容。这个时候可以像平常电商购物一样，打开电商网站，然后选择一级类目，二级类目、三级类目，一直细分，找到自己擅长的领域，确定一个方向之后，坚持去拍摄和创作内容，前期内容越垂直越好。

　　因此，创作者做视频之前认真思考自己到底属于哪一个类别，是很有必要的。了解分类后，创作者才能明白如何去运营内容，因为不同的分类里，创作的方式及运营的方式都有所不同。

任务二　抖音账号的运营

　　在抖音平台上的新媒体账号要通过在抖音输出优质的内容，吸引跟账号内容相关的精准"粉丝"，打造一个属于自己的"粉丝"流量池，从而实现流量变现。

一、抖音运营的正确打开方式

1. 做好定位，找准对标账号

　　在抖音做内容，垂直度越高的账号权重也会越高，所以在前期一定要想好账号的定位，要有清晰的人设方向。当用户刷到你的抖音视频，能第一眼从昵称、个人简介、视频内容等知道你是做什么的，能够给他提供什么价值。这里的定位包含了账号类型（个人号 / 企业号）、头像、名称、简介、认证、领域等基础信息。

　　定位可以通过四象限法来看，即通过"我是谁""我做过什么""我做出什么""我在抖音上分享什么"，形成一幅人设定位地图，图 2-2 为抖音账号定位四象限。

我是谁	我做过什么
小新 30岁 职场宝妈 一线城市生活 一面职场，一面宝妈	在xxx大厂做过运营 做了xx项目 超级会带娃
我做出什么	我在抖音上分享什么
家庭超级幸福 从0到1做过xx品牌	分享育儿知识 做大厂运营知识科普

图 2-2　抖音账号定位四象限

（1）定位要垂直

抖音的推荐机制，其实更多是根据标签来判断的。创作者的内容垂直度做得更好，那么推荐来的"粉丝"精准度也会更高，同时也越容易在"粉丝"心中形成鲜明独特的标签。

（2）定位要与后期变现结合

无论账号后期是想通过接广告变现、直播变现，还是卖产品变现，都要与定位结合起来。

（3）打造差异化

差异化是很重要的，但也是最难的。比如，同为美食类的账号，凭什么你的账号比其他美食类账号更好，用户更愿意关注呢？如何打造差异化账号，是抖音所有创作者面临的难题。

2. 竞品分析

爆款逻辑是相通的，即爆款的方向、内容和观点几乎是可复制的。所以在还没有摸索出属于自己的新道路之前，建议创作者先去"模仿"。创作者可以多关注几个优秀的竞品账号，分析他们账号视频的内容方向、拍摄手法、文案、剪辑方式等，从各个角度分析清楚。

重点分析竞品账号的视频内容选题，通常会有共性特征。比如，职场类账号通常会关注工作效率、加班、加薪等议题。该类账号的创作者要从职场人的角度出发，分析用户的痛点是什么、了解职场类视频的高赞题材是哪些、评论区里用户都会讨论什么、视频的总时长、视频开头前 3 秒有什么亮点，综合分析竞品账号爆火的原因。多看、多分析才能找到自己账号的内容方向和表达方式。

3. 了解抖音平台调性

不管是文字类平台还是视频类平台，在运营任何一个平台账号之前，先要了解平台调性再去运营。抖音的平台调性主要为直观，代入感强，短小精悍，易传播。

4. 了解抖音推荐机制

抖音的算法，其实是一个漏斗机制，跟今日头条的去中心化的推荐算法原理基本一致。它分为三个步骤，如下。

（1）冷启动流量池曝光

一个时间段，抖音上百人上传短视频，每个短视频通过审核发出后，抖音会随机给每个短视频分配一个平均曝光量的冷启动流量池，再根据用户的反馈优胜劣汰，挑选出用户喜欢的几条视频继续推送到更大的流量池，如 1 000 个人的流量池。

（2）数据挑选

抖音会从这上百个短视频的 1 000 次曝光中，分析点赞、关注、评论、转发等各个维度的数据，从中再挑选几条依然很受大家喜欢的视频。若浏览量不断增加，那么系统就会把这几条视频推送到更大的流量池中，如 1 万、10 万、20 万个人的流量池。这就叫作叠加推荐。

（3）精品推荐池

通过一轮又一轮的验证，筛选出来点赞率、完播率、评论互动率等指标都极高的短视频才有机会进入精品推荐池。用户打开抖音时，看到的动辄几十万或上百万点赞数的视频就是这么来的。

5．了解抖音平台算法

根据单位时间之内用户的评论、点赞和分享数，计算某视频的热度值。

具体公式是：热度 =A× 评论数 +B× 点赞数 +C× 转发数 +D× 完播率，系数 A、B、C 会根据整体的算法实时微调，大致上 D>C>A>B。

这一步我们称为第一次推荐。这就是为什么我们平时会看到推荐里面出现的有些内容互动率几乎是 0，就是因为你是这个视频的第一波观众。

6．利用抖音算法运营抖音号

（1）技巧一：调整发布时间

拓展阅读

拆解抖音平台算法

根据抖音数据统计，约 62% 的用户会在饭前和睡前刷抖音，而在上班路上、上厕所等碎片化时间刷抖音的用户仅有 10.9%。

抖音发布时间点没有具体标准，所谓的工作日中午 12 点、晚上 9 点—10 点，以及周五的晚上和周末等，都只是大家可能比较闲的时间段，最多作为参考。

真正科学的发布时间是要想象一下，当你发完后，你的精准用户们，在当时的时间点，是否是看这个视频的最恰当状态？举个例子，鸡汤类、情感类内容在晚上 9 点 -11 点发布是很适合的，因为这是大部分人群容易感性化和情绪化的黄金时段，在这个时间发布正好迎合大家的需求。而对于励志类、职场类内容，早上 8 点—9 点和中午 11 点半—12 点半则是发布的黄金时间段了。

所以说关于发布时间的选择，没有最好，只有最适合。

（2）技巧二：提升 4 个指标

抖音评价视频在冷启动环节中的表现，主要是看点赞数、评论数、转发数、完播率这 4 个指标。因此，创作者要想获得推荐，就必须在视频发出之后，发动所有资源去提升这 4 个指标。

第一，在视频描述里，引导用户完成点赞、评论、转发或看完视频的动作。很多短视频会在视频描述和视频开头、结尾写"一定要看到最后""快点赞吧"这样的话术，就是为了提升视频完播率。

第二，在视频描述里，设置一些互动问题，引导用户留言评论，提升评论数。

第三，通过回复用户评论，提炼视频核心观点，引导更多用户参与到话题讨论中来，进一步提升评论数。

第四，提前准备评论，视频发出后，让好友写在评论区，引导用户围绕这个话题展开更多互动，以达到提升这 4 个指标的目的。

（3）技巧三：积极参与热门活动

上热门的方式有很多，但最简单、效果最好的方式，就是利用抖音的"热门挑战"活动。图 2-3 为抖音热门挑战活动页面。

图 2-3　抖音热门挑战活动页面

拓展阅读

合理利用付费推广

在抖音，每天都会有不同的挑战，创作者可以根据综合的对比来判断话题火爆的潜力，然后选出自己认为最可能会火的话题进行模仿，这样可以提高视频被推荐的概率。

（4）技巧四：持续维护旧视频

抖音的推荐算法有时候会推荐以往的视频，从而带火一些优质的旧视频。所以，对于比较优质的视频，创作也要持续引导用户点赞、评论、转发，不断运营，也许过段时间这个视频就会重新被推荐了。

二、精准打造抖音账号人设

创作者刚开始运营抖音账号，不确定什么类型的内容才能吸引更多用户关注，又或是做了一条爆款视频，涨了很多"粉丝"，但对接下来应该怎么持续输出优质内容一头雾水。这些问题的出现，是因为创作者在开始时没有做账号的人设定位。人设是短视频创作的关键，也是短视频编剧的目标。拥有一个清晰、优秀的人设，内容创作就会变得顺利。根据账号人设，故事、剧本就能水到渠成。只有做好这一步，才能获取流量、积累"粉丝"、放大账号价值。

1. 为什么要打造人设

人设，是人物设定的简称，指人物展现给观众的直观形象，包括这个人物的外在形象及内在性格。

为什么很多小说被翻拍成电视剧后，观众会认为某角色演得不好？因为作者通过文字描述，为小说中的每个角色进行了人物设定。角色长相如何、性格如何，都通过小说的情节展示出来。因此，读者心中会留下一个直观、立体的人物形象。而当电视剧中的演员无法演出读者心目中的样子时，观众自然无法接受。

明白了人设的重要性后，接下来再来看看好人设的 3 个好处。

（1）好人设能够打造差异化优势

① 独特的外貌特点。为角色设计一个与众不同的外貌特点，可以是鲜明的造型、突出的发型、特殊的妆容等。通过独特的外貌特点吸引观众的注意力。

② 个性鲜明的服装风格。为角色设计个性鲜明的服装风格，可以通过色彩搭配、服饰款式等方面突出角色的个性特点。不同的服装风格可以使角色在短视频中独具一格。

③ 独特的语言和行为方式。为角色塑造独特的语言和行为方式，可以是一些特殊的台词或口头禅，以及独特的动作和姿态。这样的表现方式可以帮助角色树立自己的形象，与其他角色区分开。

④ 个性化的角色背景和故事设定。为角色设计一个独特的背景和故事，可以是特殊的职业身份、个人经历。通过角色的背景和故事，可以使人设更加丰富多样，增加观众的理解和共鸣。

⑤ 创造独特的习惯和特长。为角色赋予一些特殊的习惯和特长。角色可以在某个领域拥有超强的技能，或者有特殊的爱好和兴趣。这些特点可以使角色在短视频中显得与众不同，引起用户的关注。

通过以上方法，创作者可以在短视频中塑造出独具个性、与众不同的人设角色，吸引更多的用户关注和喜爱。

（2）好人设能获取巨大流量

账号的形象深入人心，用户更容易关注账号。在碎片化信息时代，信息也呈现多样化的特点。好人设能让人记住，从而获取大量关注和巨大流量。有了关注和流量，快速"涨粉"和变现也就更容易了。

（3）好人设是移动的广告位

抖音是一个内容丰富的平台，给予每个创作者获取流量的平等机会。在创作者获取了大量流量后，品牌方会邀请创作者提供广告服务，原因就是看到了创作者背后"粉丝"的价值。这会给账号运营者带来更多的盈利机会。在短视频流量时代，利用抖音打造个人品牌可能变得更容易。

2．如何精准打造人设

打造精准人设需要思考3个问题：你是谁？你是做什么的？你能给用户带来什么价值？

（1）问题一：你是谁

在这里，我们运用SWOT分析法（SWOT Analysis），通过优势、劣势、机会和威胁4个层面进行分析（图2-4）。

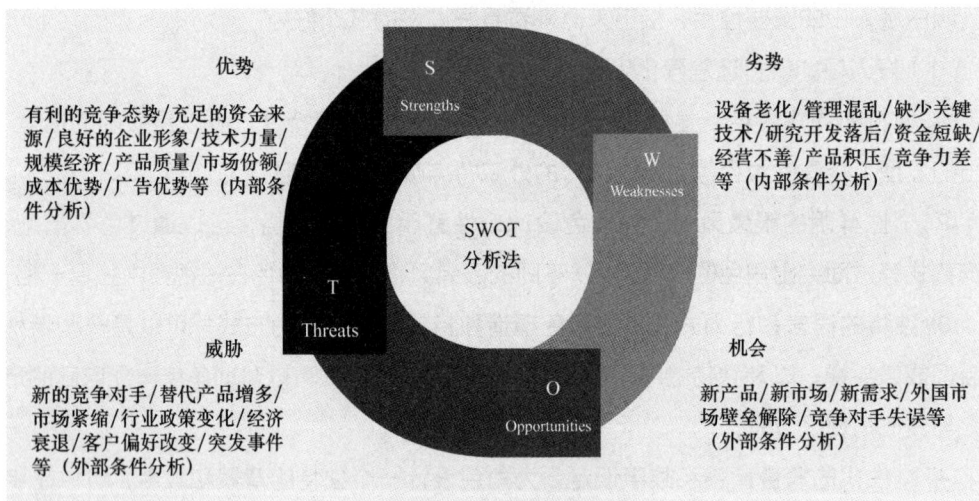

优势
有利的竞争态势/充足的资金来源/良好的企业形象/技术力量/规模经济/产品质量/市场份额/成本优势/广告优势等（内部条件分析）

S Strengths

劣势
设备老化/管理混乱/缺少关键技术/研究开发落后/资金短缺/经营不善/产品积压/竞争力差等（内部条件分析）

W Weaknesses

SWOT分析法

T Threats

威胁
新的竞争对手/替代产品增多/市场紧缩/行业政策变化/经济衰退/客户偏好改变/突发事件等（外部条件分析）

O Opportunities

机会
新产品/新市场/新需求/外国市场壁垒解除/竞争对手失误等（外部条件分析）

图2-4　SWOT分析图

① 优势。优势指创作者在抖音上的人设，如在样貌、才艺、表现力等方面，有哪些是比较出众的。

② 劣势。劣势指人设在样貌、才艺、表现力等方面，哪些是比较欠缺的。

③ 机会。机会指账号在平台上的竞争对手多不多，哪些特点是竞争对手还不具备的。

④ 威胁。威胁指在打造人设的过程中，创作者可能要付出一些代价，包括付出的时间和精力、承受能力等。录视频、做字幕、找选题，这些都需要花费时间。

除了以上 4 个层面，创作者还可以加入一个维度进行分析，即人设变现的能力。也就是要分析打造人设之后，创作者可以通过什么样的方式和推广渠道，实现流量变现。

（2）问题二：你是做什么的

账号是做什么的，决定了它能获得什么类型的"粉丝"群体。比如，一个英语老师，在抖音上教大家学英语，那么吸引的就是一群对英语学习感兴趣的人；一个美食爱好者，在抖音上分享各个城市中不容易被大家发现的美食小店，那么吸引的就是一群对旅行和美食感兴趣的人。

这样吸引到的"粉丝"都是精准的，对账号内容感兴趣的，这对账号下一步变现很有帮助。

（3）问题三：你能给用户带来什么价值

你能给用户带来什么价值，说得通俗点，就是用户为什么要关注你。以英语教学为例，账号简介可以是"外企工作十年，你的贴身英语私教"。账号仅有这个简介肯定是不够的。还要让用户看到与自己有关的价值。因此，这个账号需要在简介后面加上"陪你从 0 开始，轻松学习商务英语"。账号能带"粉丝"学习商务英语，并且"粉丝"不需要相关的基础知识、没有压力，这就是账号给用户带来的价值。有了价值，用户才愿意关注。

创作者理解了这 3 个问题，在打造人设前想清楚答案，找到自己的优势和"粉丝"群体，找到为用户提供的价值，才能打造一个合适的人设。

课堂讨论

短视频账号的人设能不能凭空设定？对企业而言，什么类型的人设更容易产生营销价值？

三、打造优质短视频内容

在新媒体营销为主的营销市场中，只有优质的内容，才是营销市场中的核心竞争力，在抖音平台进行营销也是如此。随着抖音的发展，入驻抖音的账号越来越多，短视频的同质化程度也越来越高，因此，优质的短视频内容，可以在很大程度上帮助抖音账号获得成功。下面将分别从价值模型、内容作用、内容创作方向、内容二次创作和内容打造方法这 5 个方面进行介绍。

1. 价值模型

价值模型是一种特殊的决策模型，用于计算内容能达到的价值，或内容需要的价值类型。在进行抖音营销时，营销人员可提前对短视频的内容进行评估，看其是否能够达到理想的营销效果，再决定是否将其发布在抖音平台上，以减少营销的成本费用。

一般来说，短视频的内容应包含的价值有以下四种。

（1）功能价值

功能价值是指短视频内容对用户来说是否能够应用到实际生活。有实际应用价值的功能性短视频，能够帮助用户解决生活中的问题，吸引用户关注账号，并将其应用于日常生活，以提高账号的影响力。

（2）情感价值

好的短视频内容能够向用户传递某种情感，使用户产生共鸣，并吸引用户关注抖音账号。因此，情感价值也是营销人员在打造抖音内容时，可以考虑的一部分。

（3）社会价值

社会是人类生活的大环境，其对人类生活的影响一直存在，妥善应用社会对人类的影响，可以改变用户的选择意向。营销人员在策划短视频时，可以根据社会价值创作短视频内容，如发布社会正能量内容、揭示社会问题等。

（4）认知价值

认知价值是指用户对短视频内容的认识。在进行抖音营销时，营销人员可将短视频内容介绍给用户，以引起用户的选择欲望，吸引用户的注意。

2. 内容作用

优质的短视频内容，可以激发用户的情感宣泄、满足其寻求认同的需求和促进其互动需求，以吸引用户为短视频的热度作出贡献，提高抖音账号的影响力。

（1）情感宣泄

情感宣泄是指通过短视频内容，刺激用户的表达欲望，吸引用户对短视频内容进行评论，提高短视频的评论数，扩大传播范围。

（2）寻求认同

寻求认同是指用户在观看短视频内容后，希望找到与自己看法相同的人群的心理。营销人员可通过发布话题讨论式的短视频内容，引起用户的认同需求，以提高短视频的影响力。

（3）互动需求

互动需求是指用户在观看完短视频内容后，产生想要与发布短视频的抖音用户进行沟通、交流的想法，进而关注抖音账号。

3. 内容创作方向

利用抖音短视频进行营销时，营销人员需要选择合适的内容创作方向，结合自身账号的定位创作短视频内容，提高营销效果。抖音营销应先确定抖音短视频内容的目标用户群体，再根据该群体的特征，构建出常见的、有戏剧性冲突的场景。从中选择合适的场景，对短视频内容进行创作。基于目标用户群体，从音乐、舞蹈、美妆、美食、大众文化等方向进行创作。

（1）音乐

音乐类短视频在抖音平台占据较大比重，作为音乐短视频平台，音乐创意能够在抖音平台获得不错的营销效果。营销人员可选择音乐创作、歌声展示、弹奏乐器等多种手段进行音乐类短视频的创作。例如，抖音账号"摩登兄弟"就是通过音乐创作成为抖音"达人"的。

（2）舞蹈

在抖音平台，除了音乐类短视频，舞蹈类短视频也是吸引用户关注的一大利器。营销人员可借助抖音特效、创意或电音、二次元等不同元素，打造独具特色的抖音舞蹈短视频，以获得人气。例如，抖音账号"代古拉 K"就是通过在抖音发布舞蹈视频，吸引大量用户关注，成为抖音"达人"的。

（3）美妆

作为能够提高用户颜值的美妆类内容，不管在哪个平台都能吸引相当多用户关注。营销人员可选择美妆教程、美妆好物、平价替代等不同的角度进行抖音营销，吸引用户的注意。但需要注意的是，在推荐美妆用品时，营销人员应根据实际情况，将物品的优缺点及自身使用感受完整表达出来，供用户挑选合适的产品进行购买，不能进行强制推销。

（4）美食

食物作为人类生存的必需品，对许多用户具有吸引力。在利用抖音进行营销时，营销人员可以选择与美食相关的内容，通过美食推荐、美食制作教程，吸引用户的注意。

（5）大众文化

大众文化是伴随着思想解放、科学进步和市场发展，在人们的生活中产生的文化。营销人员可通过观察生活中的趣事，记录生活，将趣味性内容制作成短视频，发布到抖音平台，以拉近与用户的距离，与用户建立更深层次的关系，积累"粉丝"量，提高账号影响力。

4．内容二次创作

在抖音进行营销时，营销人员可以通过二次加工，创作丰富有趣的内容，以吸引更多用户关注。常见的二次创作内容来源渠道有视频网站、微信公众号文章、影视剧和名人故事。

（1）视频网站

营销人员可在浏览视频网站时，将看到的有趣视频，迁移到抖音，分享给更多用户。但需要注意的是，该类短视频必须获得原视频主的授权，才能进行迁移。

（2）微信公众号文章

营销人员可以关注一定数量的微信公众号，将其内容作为自身的素材库，选择有趣的微信公众号文章内容，拍摄成短视频。

（3）影视剧

常见的影视剧内容二次创作方式有剪辑精彩瞬间、分析剧情、影视解说、人物剪辑等。这类短视频可以借助影视剧的人气，为抖音账号带来关注度。

（4）名人故事

通过讲述知名人士的故事，引发用户对其进行讨论，吸引用户关注。

内容二次创作虽然可以快速吸引一定数量的"粉丝"，但并不能作为抖音营销的主体内容，营销人员可将其作为调节抖音短视频节奏的内容。

5. 内容打造方法

要想打造优质的抖音短视频内容，了解并掌握一定的内容打造方法是必不可少的，下面将从优质选题法、合理代入法、四维还原法、直入主题法、情节反转法、嵌套故事法、现身说法法和系列视频法8个方面，对内容打造方法进行介绍。

（1）优质选题法

拥有好的选题，可以使抖音营销达到事半功倍的效果。一般来讲，营销人员可选择痛点程度高、用户基数大的选题，并对其进行反复打磨和优化。

① 痛点程度高。选题的痛点程度决定了短视频的打开率，痛点程度应从用户角度出发，选择更容易引起用户共鸣的选题，为短视频内容吸引更多的关注度。

② 用户基数大。选题的用户基数大小能够影响短视频的后期传播范围，基数越大的选题，短视频的成功概率越大。在进行抖音营销时，营销人员可以适当地选择更大众化的题目，作为短视频的主题，以快速积累"粉丝"数量。

③ 反复打磨和优化。在选择短视频的主题时，并不是直接选择就可以达到很好的营销效果。营销人员需要对主题进行反复的打磨和优化，即在原始主题的基础上，不断地对其进行解析、细化，从中选择出更为优质的主题，再进行短视频的创作，才能打造出更为吸引用户注意的短视频内容。

（2）合理代入法

在创作短视频的时候，往往需要对背景、场地等进行选择、布置，但如果每个短视频都使用新的背景场地的话，不仅会使短视频的成本增加，还会使营销人员疲于准备。因此，可以合理利用同一背景场地，将不同短视频内容的场景代入其中，节省创作准备时间和成本。

例如，知名抖音账号"夏叔厨房"就是在同一个场景——厨房中，通过不同的菜品、制作方法等创作短视频，吸引用户的注意的同时，将厨房这个场景打造成代表性场景，使用户在提及厨房时很容易联想到"夏叔厨房"。

（3）四维还原法

四维还原法是指将爆款视频从内容、用户兴趣、用户群体和策划逻辑 4 个方面进行全方位模仿还原。这种方法可以借助爆款视频的热度，为自身短视频提高曝光度，吸引更多用户的关注。

① 内容还原。内容还原是指将爆款视频，用文字从各方面进行描述，将其细节、信息等全方位记录下来，并进行展现。

② 用户兴趣还原。用户兴趣还原需要营销人员针对爆款视频的评论区进行分析，通过评论区中的用户评论，寻找用户对该爆款视频的兴趣点。

③ 用户群体还原。用户群体还原也是针对评论区用户进行的深层了解，营销人员需要分析评论区用户，解析用户群体的相关信息，确定视频的目标用户，为后期创作该类视频奠定基础，以便确定目标用户群体的兴趣点。

④ 策划逻辑还原。策划逻辑还原需要营销人员揣摩爆款视频在构思视频内容时的想法。从视频出发，分析制作视频的思路，推敲其策划思路，为自身创作视频内容提供新的启示。

（4）直入主题法

抖音以短视频为核心，其视频长度往往在 15 秒左右，要想吸引用户的眼球，就必须在视频前 3 ～ 5 秒内，迅速引起用户的兴趣，这就要求抖音短视频的内容必须短小精悍，才能够更好地把握住短视频的时间与节奏。简单来说，抖音短视频内容应该以简洁明了为主，直接切入短视频主题，通过视频内容迅速吸引用户注意，避免用户直接跳过短视频。例如，在拍摄某商品的推广短视频时，需要在开头就将商品展示出来，并通过商品的特征（如颜值高、有趣等）留住用户，并通过后续的品牌展示等方法，提高短视频的商品转化率。

（5）情节反转法

情节反转法是指在短视频内容中，通过前后剧情的反转，产生对比或反差，以营造喜剧效果或调动用户的情绪，吸引用户关注。常见的喜剧效果反转为短视频前期，人物或动物带给人一种十分厉害的感觉，但画面一转，却突然胆小了起来。调动用户情绪的反转有：短视频前期，主角遭受背叛，后期通过努力让背叛者受到谴责；或前期被看轻，后期却用实力证明了自己的能力。情节反转法往往通过用户期望的结局，满足用户的心理需求，以吸引用户关注账号；或通过意想不到的情节，为用户的生活带来乐趣，使用户愿意关注抖音账号，为生活增添趣味。

（6）嵌套故事法

嵌套故事可以增加短视频内容的信息量，吸引用户探究短视频内容细节，吸引更多用户讨论短视频内容，为抖音短视频带来更多流量，扩大传播范围，增加影响力。在嵌套故事时，可先制作整个故事的框架，然后找到故事的嵌入点，制作第二个故事框架，并根据短视频长度和内容深度，确定故事数量，将故事情节进行细化、完善，以丰富短视频内容，增加戏剧性。

（7）现身说法法

现身说法法是指利用自身经历或真实处境进行创作，提高短视频内容的说服性及可信度，增强传播效果。例如，定位为美妆产品推荐的抖音账号，可通过截取及加速视频的方法，将某底妆产品从上妆到睡前卸妆整个过程的持妆效果以短视频的形式展示出来，以证明该底妆产品持妆久的特点。需要注意的是，现身说法法的局限性较高。

（8）系列视频法

系列视频是指定位相同、短视频内容主题相同的视频。系列视频可以加深用户对抖音账号的印象，深化个人IP，通过同一主题，收获对该主题感兴趣的忠实"粉丝"。营销人员还可以将同一系列的视频制作成合辑，以方便用户查看相关内容。

拓展知识

　　需要注意的是，营销人员应选择内容更为正能量的视频类型，将这种正能量传递给更多的用户。此外，正能量的视频内容更为贴近抖音平台的核心价值，更容易在抖音上广泛传播，更能够吸引到足够数量的"粉丝"。

任务三　抖音电商之路

一、抖音电商的特点

抖音电商是兴趣电商，是一种基于消费者对美好生活的向往，满足用户潜在购物兴趣，提升消费者生活品质的电商。可以从三个方面对抖音电商特点进行分析。首先，潜在消费兴趣是新生意增量机会的蓝海。消费兴趣来源于人们对美好生活的向往，兴趣电商不仅以商品供给满足明确的购物需求，更以海量内容激发用户潜在购物兴趣。其次，抖音电商是通过兴趣内容匹配，激发用户潜在购物兴趣的发现式电商，通过去中心化的兴趣内容匹配，提供了货找人的高效匹配场景。最后，抖音电商以内容、商品、服务，连接兴趣需求与供给，丰富的兴趣供给推动兴趣消费的高速发展（图2-5）。

图 2-5　兴趣电商与用户需求和用户推荐关系图

1. 对美好生活的向往，是潜在消费兴趣的来源

消费兴趣来源于人们对美好生活的向往，人们每天都通过发现需求并满足需求来改善他们的生活。有的需求是明确的，消费者在自己熟悉的购物渠道直奔主题，以明确的商品满足明确的需求。还有的需求是明确的，但满足需求的方法是不明确的，因此消费者求助于内容平台，通过关键词的搜索试图寻找满足需求的商品。但更多情况下，人们的需求是需要被提示的，人们很难从日复一日的相似生活轨迹中说出"我要什么"。需求的发掘来源于丰富的内容对生活场景的还原，通过短视频与直播内容带来的"代入感"让人们意识到"原来生活还可以更美好"。这就是兴趣电商。

兴趣电商不仅以商品供给满足明确的购物需求，更以海量的内容供给激发用户潜在购物兴趣。抖音电商依托短视频和直播的新内容形式，以更高的信息密度，更丰富的内容风格，更直接的互动玩法，将商品内容融入具象的生活场景中，实现从兴趣人群识别与触达，到购物兴趣激发，再到购物需求承接的高效转化路径，成了商家承接新生意增长机会的主要阵地。

2. 通过兴趣内容匹配激发用户潜在兴趣的发现式电商

兴趣电商通过去中心化的兴趣内容匹配，提供了货找人的高效匹配场景。在电商经营中，如何获取更多更精准的流量是所有商家永恒的课题。在抖音电商的"人货场"中，"场"便是商品内容与消费兴趣的匹配场，实现这一精准匹配的前提有以下三点。

第一，通过商品内容化让商品具备了传播属性。在兴趣电商中，商品以内容的形式呈现，从而让商品可观看、可互动、可传播。通过对内容的分析，识别出与内容相匹配的标签，并通过标签预测可能感兴趣的用户，从而对兴趣用户进行内容推送。

第二，用户用互动行为表达消费兴趣。当商品内容触达用户后，用户的任何行为反应都在反馈他对商品内容的感兴趣程度，对商品内容不感兴趣的用户会快速划过，而对商品内容感兴趣的用户则会长时间停留观看，并通过点赞和评论表达态度。去中心化的兴趣推荐，便是通过这样的行为反馈，来"了解"每一位潜在用户对内容的偏好，并不断调整对该用户的内容推送策略，从而让用户稳定刷到他感兴趣的内容。

第三，兴趣推荐的匹配策略是实时调整的。一方面，在对一段内容进行连续推送时，可以通过众多用户反馈的积累来评价内容质量，根据内容质量决定是否要扩大推送人群范围。不同人群的差异化反馈数据则增加了匹配目标的准确性，让内容被继续分发给最感兴趣的人群。另一方面，对同一位用户进行连续的内容推送，也可以根据他对不同内容的反馈，来判断他对内容的偏好，从而为他推荐更加精确的匹配内容。

3. 以内容、商品、服务，连接兴趣需求与兴趣供给

内容、商品、服务是满足兴趣需求的主要形式。当用户在兴趣电商进行购物时，除了要通过好的内容激发用户的购物兴趣，也需要以优质的商品为用户带来优质的使用体验，并通过好的服务改善用户的购物体验。

丰富的兴趣供给推动兴趣消费的高速发展。抖音电商不仅有电商"达人"提供优质内容，更有 MCN 机构在不断帮助"达人"成长，提高"达人"的内容质量与合作效率，抖音电商商家不仅提供优质的商品和服务，同时也能作为内容的创作者，通过优质内容直接触达用户，实现商品的转化。面对崭新的电商环境，商家服务商为商家提供了一站式的运营解决方案，帮助商家产出高质量的兴趣供给方案，满足用户的兴趣购物需求。

在抖音电商中，各个兴趣供给方高速发展，在数量和质量上不断突破，并以优质的内容、商品和足够好的服务激发用户更多的购物兴趣，改善用户的购物体验，推动抖音电商生意的快速发展。兴趣需求与兴趣供给如图 2-6 所示。

图 2-6　兴趣需求与兴趣供给图

二、选品与供应链

在抖音平台中，大部分视频带货与直播带货的商家的产品是通过选品来的，即挑选优质的、物美价廉的商品来销售，赚取差价或佣金。在经营抖音网店时，生意的好坏首先取决于产品的优劣，选择什么样的产品销售非常重要。

1. 选品：选出热销货源

本节先来分析一下店铺的选品原则，商家只有掌握了这些选品原则，才能在众多类目款式里选出爆款。

（1）抖音平台的产品调性

用一个简单的比喻来解释什么是主营类目，如果将抖音商城看成一个线下商场，则主营类目就是商场里的商品分区，商家需要针对自己的商品类型选择合适的商品分区。

因此，抖音商家在入驻时，就需要选择正确的主营类目。抖音的主营类目包括普通商品、虚拟商品，如图 2-7 所示为抖音的主营类目示意图。

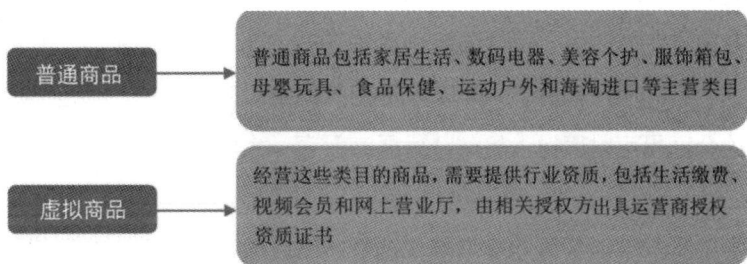

普通商品 → 普通商品包括家居生活、数码电器、美容个护、服饰箱包、母婴玩具、食品保健、运动户外和海淘进口等主营类目

虚拟商品 → 经营这些类目的商品，需要提供行业资质，包括生活缴费、视频会员和网上营业厅，由相关授权方出具运营商授权资质证书

图 2-7　抖音的主营类目示意图

对于部分主营类目的商品，需要提供相关的行业资质才能发布，行业资质相当于这些商品分区的门槛，商家只有跨过这道门槛才能顺利上架商品。

（2）选品是打造爆款必不可少的一步

抖音平台的流量红利非常大，但是这些流量是需要商家自己去争取的。选品是在抖音上获取流量、打造爆款的关键环节。抖音选品必须重点把握以下两个原则。

第一，寻找时下的流行产品。现在这个时代，流行就等于流量，因此想要运营好店铺就需要商家有强大的洞察力，能够跟上市场的流行步伐。如何做到这一点呢？有经验的商家可以根据自己所在行业的热点事件预判市场变化，新手商家则可以借助数据分析平台发现流行属性。图 2-8 为蝉妈妈数据分析平台示意图，在这个平台可以查看实时销量榜单。

图 2-8　蝉妈妈数据分析平台示意图

第二，符合目标用户的兴趣与需求。首先明确目标用户的画像，用户对什么感兴趣，就有什么样的消费需求。这要求商家对目标用户有足够的了解，其中包含用户的年龄、性别、职业、兴趣爱好等信息。通过分析这些数据，商家可以更准确地挑选出能够引起这部分人群共鸣的商品。例如，如果商家的目标群体是年轻人，那么潮流服饰、美妆产品或者科技产品可能更受欢迎。

（3）打造差异化的产品

随着抖音商家不断增多，平台流量也在不断被打散。此时如果商家没有差异化的产品，则会面临严重的同质化竞争，没有优势的产品很难吸引用户。满足常规化选品的所有要求后，这个产品可以算得上是一个优质产品了，大卖家做到这一步后，凭借本身的品牌、"粉丝"和推广等优势，通常就很容易打造出爆款了。

但是，中小卖家不能仅仅依靠常规化选款，而应该在"求升"的环节再做提升，打造个性化的卖点优势，这样才能吸引用户快速下单。

（4）选品时需要注意的细节

价格实惠的高性价比产品是比较受抖音平台青睐的，除了这一特点，商家在选款时还需要注意一些细节，如图2-9所示。

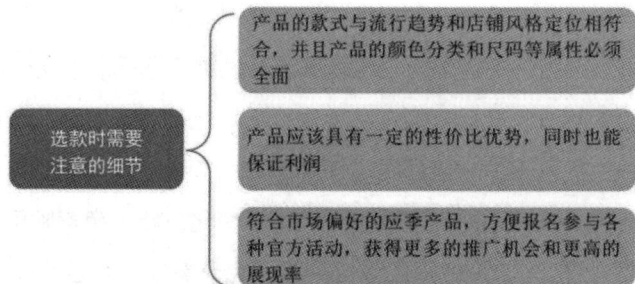

图2-9　选款需注意的细节示意图

2. 供应链：货源选择分析

开网店找货源是中小型商家必须经历的过程，例如，女装店铺的货源主要包括档口货品、授权货品、工厂货品和一件代发等渠道，商家要对比和分析这些渠道的优劣，来选择适合自己的货源渠道。

（1）货源获取方式

通常情况下，抖音电商中货源的获取方式分为线上货源渠道和线下货源渠道两种，如图2-10所示。

（2）消费人群定位

要选出好的货源，商家需要针对不同的消费人群进行店铺定位，包括价格定位、人群定位和款式定位3个方面，如图2-11所示。

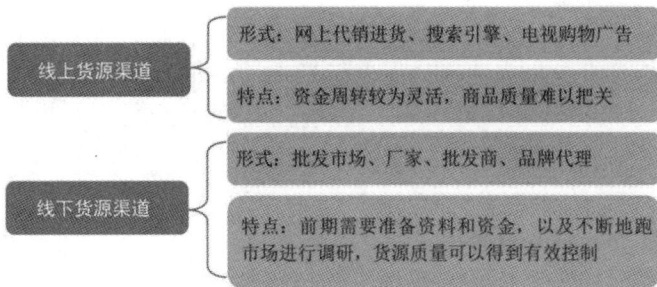

图 2-10　线上线下货源渠道

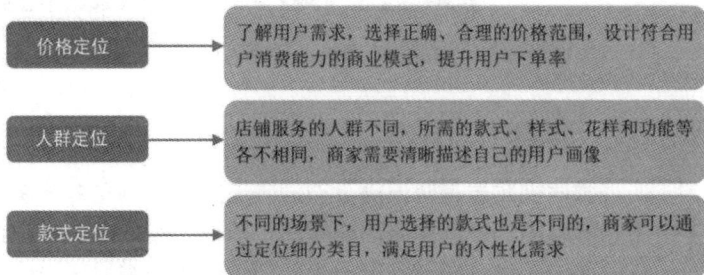

图 2-11　店铺定位

课后思考与练习

试着写一个抖音账号运营方案，从打造人设、内容策略、数据分析等方面分别阐述。

任务情境

抖音是目前日活跃用户数较大的短视频平台之一，成为很多企业营销的必选平台，"金苹果"公司想要在抖音开设账号来营销水果农产品，请同学帮助"金苹果"公司撰写一份抖音账号运营方案。

实施要求

从人设打造、内容策略、数据分析等方面分别着手撰写抖音账号运营方案。

实施步骤

请同学们思考如何运营"金苹果"公司的抖音账号，并填写表 2-1。

表 2-1　抖音账号运营项目及内容

项目	内容
人设打造	
内容策略	
数据分析	

PART 03

项目三
微信视频号运营实战

项目导读

　　微信视频号是腾讯旗下微信内嵌的短视频功能模块。它作为微信生态体系内的一项重要功能模块，旨在为用户提供短视频创作、分享及互动的平台，同时服务于内容创作者和各类品牌进行内容营销和社交传播。本项目将重点阐述如何打造有价值的微信视频号账号。

知识目标

| 了解微信视频号对微信生态的意义。
| 掌握微信视频号的账号运营方法。
| 掌握微信视频号直播的特点与其他平台直播的区别。

能力目标

| 能够根据需求拍出满足微信视频号运营需求的短视频。
| 能够在微信生态下运营好视频号的直播功能。

素养目标

| 培养学生的责任与担当意识。在新媒体运营中，引导学生认识到作为新媒体从业者的责任，要传播真实、积极、有价值的信息，对社会负责，对用户负责。
| 培养学生明确自己肩负着正确引导舆论、为社会传递正能量的责任。新媒体从业者只有以高度的责任感去运营账号，才能赢得用户的信任和尊重。

任务一　微信视频号平台概述

一、微信视频号对微信生态的意义

微信视频号对微信生态的意义在于，它不仅丰富了微信的内容形态，提升了用户活跃度与黏性，还为内容创作者与企业提供了新的价值创造与变现途径，有力地应对激烈的外部竞争，巩固了微信在社交与内容市场的地位，并通过数据整合与精准营销推动了整个微信生态的商业价值提升。微信视频号发展历程如图 3-1 所示。

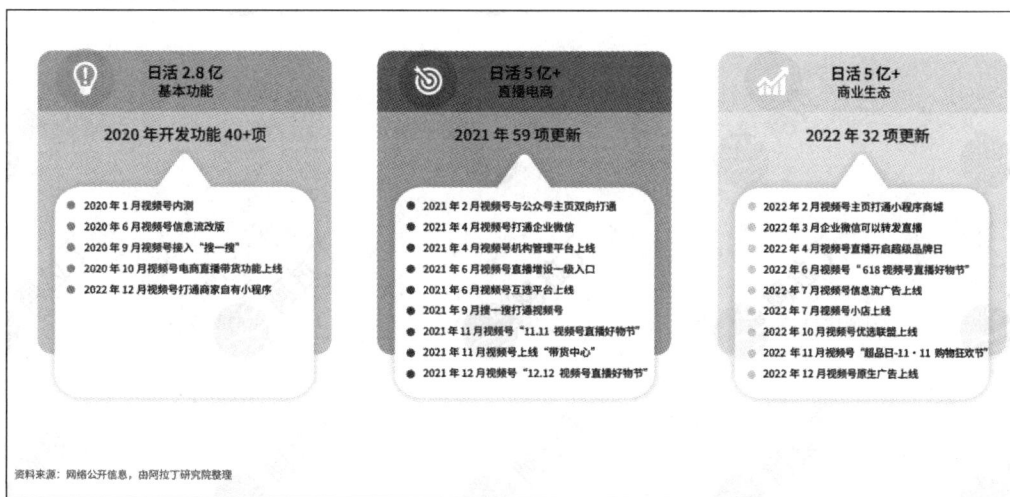

图 3-1　微信视频号发展历程

资料来源：网络公开信息，由阿拉丁研究院整理。

1. 扩展内容版图与战略布局

腾讯作为一家涵盖社交、媒体、娱乐、游戏等多个领域的互联网头部公司，通过推出微信视频号完善了其内容生态，特别是在短视频这一高速增长且具有战略意义的领域，确保了内容产业的全方位覆盖。同时，短视频已成为移动互联网时代用户获取信息、娱乐、社交的重要方式，微信视频号的推出表明腾讯紧跟行业趋势，积极布局未来，确保公司在新兴内容业态中的竞争力。

2. 完善内容形态与生态建设

微信视频号填补了微信在短视频内容创作与分享方面的空白，使微信从单纯的文本、图片分享平台升级为包含短、中、长视频在内的全形态内容平台，丰富了微信用户的内容消费方式。并且微信视频号能与微信原有的公众号、朋友圈、小程序、微信支付等形成紧密联动，使用户可以在同一生态内完成从内容发现、观看、互动到购买、支付的全流程。由此构建起一个完整的短视频内容消费与商业转化闭环。

3．强化社交网络壁垒

微信视频号与微信社交网络深度集成，使用户可以通过微信视频号内容进行社交互动，进一步强化了用户对微信社交网络的依赖，提高了用户迁移成本，巩固了腾讯在社交领域的主导地位。短视频内容以其高吸引力和碎片化的消费特性，能够显著增加用户在微信平台上的停留时间。这对维持用户活跃度、提高用户黏性、抢占用户注意力资源至关重要。2023 年微信视频号用户黏性数据统计如图 3-2 所示。

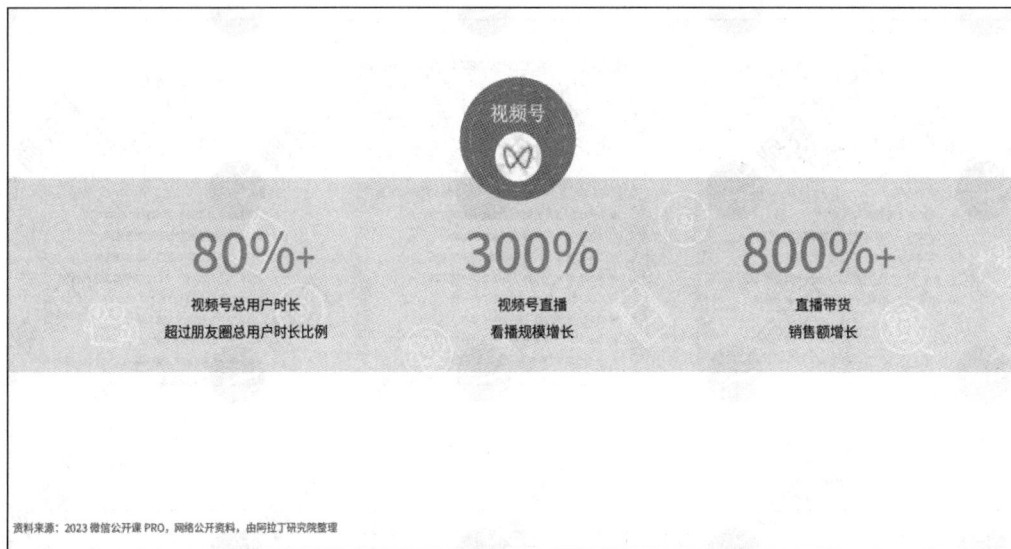

图 3-2　2023 年微信视频号用户黏性数据统计

资料来源：网络公开信息，由阿拉丁研究院整理。

4．赋能内容创作者与企业

微信视频号为个人用户、专业创作者、企业及机构提供了全新的内容表达与传播渠道，尤其是对已有公众号的创作者而言，微信视频号为其提供了图文之外的多媒体展示方式，有助于丰富其内容矩阵，扩大影响力。

通过直播带货、商品挂载、品牌合作等形式，微信视频号为内容创作者和企业提供了直接的变现途径，推动微信生态内商业价值的深度挖掘，促进了内容经济的发展。

5．商业化潜力与收入增长

微信视频号对腾讯来说提供了新的广告机会，包括原生短视频广告、直播广告等，为腾讯广告业务带来增量收入，拓宽了广告主的投放选择，助力腾讯广告业务的持续增长。微信视频号也引入了"微信豆"等代币，支持直播打赏与电商带货，直接丰富了腾讯在社交电商、直播电商领域的布局，为腾讯开辟了新的营收来源。

6. 应对外部竞争与巩固地位

面对抖音、快手等短视频平台的竞争压力，微信视频号的推出使微信具备了与之抗衡的短视频产品，有助于防止用户流向其他平台，维护微信在社交与内容市场的领先地位。而且短视频已成为年轻用户群体重要的娱乐与信息获取方式，微信视频号的推出有助于吸引并留住这部分用户，保持微信用户群体的年轻化与活跃度。

7. 数据积累与智能推荐

微信视频号的使用产生了大量的用户行为数据，这些数据有助于腾讯更深入地理解用户喜好、消费习惯等，对优化内容推荐算法、提升用户体验、精准定向广告等方面具有重要价值。

基于海量数据，腾讯也可以进一步研发和应用人工智能技术（如机器学习、深度学习等），提升内容分发效率，优化内容质量，为后续的产品创新和技术迭代提供强大支撑。

8. 产业协同与资源整合

微信视频号与腾讯旗下的腾讯视频、腾讯音乐、腾讯新闻、QQ 空间等产品形成内容联动，实现资源共享与流量互导，提升整体内容生态的协同效应。

微信视频号成为连接腾讯内外部合作伙伴的新桥梁，吸引了更多内容创作者、MCN 机构、品牌商等加入腾讯生态，共同开发短视频内容市场，增强腾讯在内容产业链的话语权。

所以，微信视频号对腾讯的意义在于，它不仅是腾讯内容战略的重要一环，强化了腾讯社交网络优势，开辟了新的商业化路径，推动了数据驱动的产品优化与技术创新，还促进了内部资源与外部合作伙伴的有效整合，助力腾讯在数字经济时代保持全方位的竞争优势。

二、微信视频号中关注、朋友、推荐的区别

微信视频号的推荐机制有关注、朋友和推荐，分别对应着不同的内容浏览与互动模式，理解它们的特点和区别是运营好微信视频号账号的基础。

1. 关注

关注是指用户主动选择并订阅特定微信视频号账号的行为。

（1）主动订阅

当用户对某位创作者的视频内容感兴趣，认为其风格、主题或价值符合个人偏好时，用户可以点击"关注"按钮，将其添加到自己的关注列表。

（2）持续更新提醒

一旦用户关注了一个微信视频号账号，就意味着用户对该微信视频号账号的内容表示了长期的兴趣和支持。关注后，该微信视频号账号后续发布的所有新视频，都会自动出现在用户微信视频号主页的"关注"列表中，按照发布时间顺序排列。这样，用户可以方便快捷地查看到关注创作者的最新动态，无需再刻意搜索或查找。

（3）个性化内容池构建

通过关注不同的微信视频号账号，用户实质上是在为自己构建一个个性化的视频内容池。这个内容池里的内容是由用户自己精心挑选的，反映了用户的独特兴趣取向和信息需求，使用户在使用微信视频号时能够高效地接收到符合自己品位的信息。

（4）互动与支持

关注不仅是用户获取内容的一种方式，也是对微信视频号账号的一种支持与互动。关注数是微信视频号账号衡量影响力和"粉丝"基础的重要指标。用户关注微信视频号账号，意味着愿意成为其"粉丝"，可能会积极进行评论、点赞、分享等互动行为，进一步推动视频内容的传播与创作者的成长。

2．朋友

朋友是指用户在浏览视频内容时，可以看到自己微信好友在微信视频号上的动态及相关互动情况的功能。朋友功能是微信视频号区别于其他短视频平台的重要功能，它使微信视频号深度嵌入微信社交生态，与微信好友、朋友圈、微信群等紧密相连，用户可以轻松将视频分享至社交网络，观看朋友的视频动态，形成基于熟人关系的内容传播。微信视频号的内容消费与社交互动高度融合，社交属性极强。

（1）社交关联内容

在微信视频号的"朋友"板块或相关界面，用户可以查看到自己的微信好友在微信视频号上的活动痕迹，如他们原创发布的视频、点赞的视频、转发分享的视频等。这些内容与用户的社交网络直接相关，带有明显的社交属性和信任背书。

（2）熟人推荐效应

通过朋友功能，用户能够了解到身边亲朋好友在关注什么、喜欢什么，这种熟人推荐往往比纯粹的算法推荐更具说服力和亲切感。用户可能因为看到好友对某条视频的积极评价或转发，而对这条视频产生更大的兴趣，进而观看、互动甚至转发，形成社交网络内的内容传播链条。

（3）社交互动延伸

除了查看朋友的视频动态，用户还可以在这些视频下看到好友的评论、点赞等互动行为，并参与到这些互动中去，如回复评论、点赞、转发等。微信视频号可进一步加强用户与微信好友在微信视频号平台上的社交互动，将微信社交关系链延伸至视频内容消费场景。

（4）隐私设置选项

微信视频号通常会提供隐私设置选项，允许用户选择是否将自己的微信视频号动态（如发布、点赞、转发等）展示给微信好友。用户可以根据个人喜好和隐私需求调整这些设置，以控制自己在微信视频号上的社交可见度。

微信视频号中的"朋友"功能旨在将用户的视频内容消费与微信社交网络紧密结合，通过展示好友在微信视频号上的活动与偏好，提供一种基于熟人关系的内容发现和互动方式，强化微信视频号平台的社交属性和用户黏性。

3. 推荐

推荐是指平台根据用户的观看历史、互动行为、兴趣标签等数据，运用算法自动筛选并向用户推送的一系列未关注微信视频号账号的个性化内容。

（1）个性化推荐

微信视频号的推荐系统会根据每个用户独特的浏览历史、点赞、评论、分享等行为，以及用户在微信生态中可能体现的兴趣偏好（如公众号关注、小程序使用等），生成用户画像。基于此，用户画像系统会筛选出与用户兴趣匹配度较高的未关注微信视频号账号的视频内容，并将其呈现在"推荐"板块中。

（2）发现新内容与创作者

推荐功能目的在帮助用户发现他们可能感兴趣但尚未关注的视频内容和创作者，突破用户现有关注列表的局限，拓宽内容消费视野，丰富用户的视频观看体验。用户通过浏览推荐内容，有机会接触到更多元化的视频风格、主题和观点，同时也可能发掘到新的值得关注的微信视频号账号。

（3）算法驱动

与关注列表中用户主动订阅的内容和朋友板块中基于社交关系的内容不同，推荐内容完全由微信视频号的算法驱动。算法会持续学习用户的行为反馈，如根据用户对推荐内容的观看时长、点赞、评论、分享等互动行为，来动态调整推荐结果，力求令内容与用户兴趣匹配度更高。

（4）内容多样性

推荐内容通常包括但不限于热门话题、热门视频、根据用户兴趣匹配的专题合集，形式多样，旨在满足用户在不同时间段、不同情绪状态下的内容消费需求。推荐内容通常不是严格按照发布时间进行排序，而是依据算法分析出的用户兴趣匹配度进行动态排序。

（5）用户反馈与优化

用户对推荐内容的反馈（如是否观看、是否互动、是否跳过等）会被系统记录并用于优化未来的推荐内容。如果用户频繁对某类推荐内容进行负面反馈（如点击不感兴趣、举报等），系统会减少此类内容的推荐，反之则可能增加相关类型内容的推荐。

微信视频号中的"推荐"是平台利用算法为用户提供的个性化内容推荐服务，旨在帮助用户发现并欣赏与自身兴趣相符的未关注微信视频号账号的视频内容，拓宽内容消费范围，同时通过用户的实时反馈持续优化推荐准确性，提升用户体验。

三、微信视频号与微信生态圈

微信视频号的繁荣很大程度上依靠微信的生态圈的建设，有很多用户就是从微信的生态圈中了解微信视频号的。微信生态圈如图 3-3 所示。

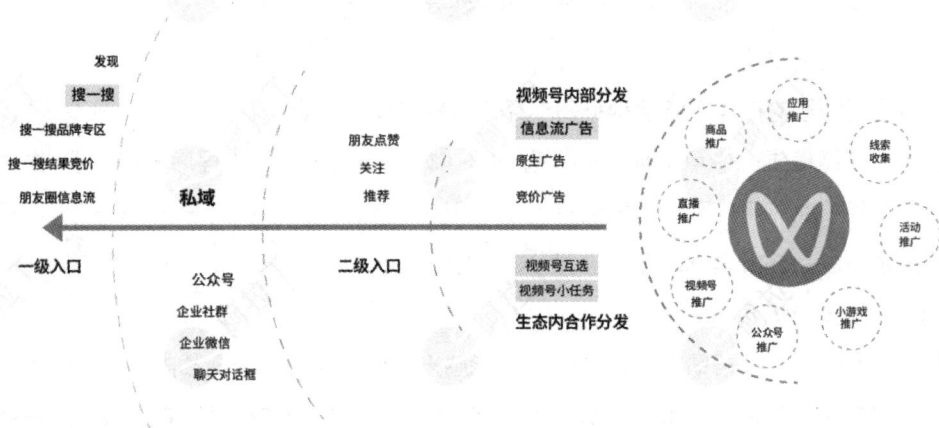

图 3-3　微信生态圈

微信视频号与微信生态圈的关系紧密且深度融合，具体体现在以下几个方面。

1. 账号绑定

一个微信账号只能注册一个微信视频号账号，这意味着微信视频号用户可以直接利用现有的微信身份进行内容创作与消费，无需额外注册。这种账号体系的整合简化了用户操作流程，降低了用户使用门槛，并将庞大的微信用户群体无缝接入微信视频号用户之中。

2. 内容分发模式

微信视频号的内容不仅可以被平台推荐给潜在感兴趣的用户，还可以被用户主动分享至微信朋友圈、微信群聊、一对一聊天等社交场景，借助微信强大的社交网络进行传播。这种社交传播机制使得微信视频号内容能够迅速触达广泛的微信用户，增强其影响力和互动性。

3. 关联公众号

创作者可以在视频中插入公众号文章链接，引导用户从视频内容直接跳转至公众号，阅读深度文章或完成其他互动行为（如阅读原文、参与投票、留言等）。反过来，公众号文章也可嵌入微信视频号内容，实现图文与短视频内容的互补与相互引流，有助于丰富内容形态和提升用户黏性。

4. 生态服务集成

在微信视频号直播带货、线上活动等场景中，可直接调用微信小程序作为商品展示与交易的载体，利用微信支付完成交易闭环。此外，微信视频号还可与微店、企业微信、微信搜一搜等功能和服务深度融合，形成完整的商业变现链条，赋能内容创作者、企业和品牌。

5. 微信生态圈内用户的各项行为数据构建精准用户画像

公众号阅读、小程序使用、微信支付消费等用户生态行为有助于构建更全面、精准的用户画像，这些数据对微信视频号的推荐算法至关重要。通过分析用户在微信生态内的多维度数据，微信视频号能够提供更符合用户兴趣的个性化推荐内容，提升用户体验。

作为企业与品牌，可以将微信视频号作为微信营销矩阵的一部分，与微信订阅号、服务号、小程序等工具协同，开展跨平台的内容营销、客户服务、"粉丝"管理等工作，实现品牌信息的立体化传播与用户全生命周期管理。

微信视频号与微信生态圈之间形成了深度的账号、内容、服务、数据及商业逻辑的融合，共同构成了微信平台内多元化、一体化的内容生产和消费生态系统，既提升了用户在微信内的停留时长和活跃度，也为内容创作者、企业和品牌提供了丰富的运营工具与商业机遇。

任务二　微信视频号账号的运营

想要运营好微信视频号账号就必须了解微信视频号的流量规则及利用微信生态来为微信视频号账号赋能，以达到事半功倍的效果。

一、精准打造微信视频号账号人设

精准打造人设对微信视频号账号的成功运营具有非常重要的意义，不仅可以使微信视频号账号在竞争激烈的市场中通过差异化优势吸引并留住用户，从而提升账号商业价值，还是有效利用平台算法的关键策略之一。人设不仅关乎账号的短期吸引力，更是长期发展和品牌建设的基础。

微信视频号账号的人设打造与其他短视频平台（如抖音、快手、哔哩哔哩等）的确存在显著差异，这些差异主要源于各平台的定位、用户群体、内容风格、互动模式及社交属性等方面的不同。以下是微信视频号账号与其他短视频平台账号在人设打造上的主要区别。

1. 平台生态与用户群体

微信视频号嵌入微信生态系统，用户群体广泛，涵盖各年龄段及职业背景，在中老年用户和职场人士中有较高渗透率。由于微信视频号与微信社交功能深度整合，其用户更看重内容的社交价值、信息价值和分享价值。创作者在打造人设时，需要考虑如何与微信社交场景相结合，产出既符合微信用户审美与信息需求，又易于在朋友圈、微信群等社交渠道传播的内容。

其他短视频平台（如抖音、快手、哔哩哔哩等）通常作为独立的短视频应用存在，用户群体相对年轻化，对新潮、趣味、快节奏内容接受度高。这些平台往往有鲜明的社区文化特征，如抖音的潮流风尚、快手的大众生活、哔哩哔哩的知识共享氛围等。创作者在这些平台上打造人设，需要深入理解并融入平台特色，产出符合特定用户群体喜好的内容。

2. 内容形式与风格

微信视频号支持长视频内容（最长 1 小时），更适合深度讲解、故事叙述、知识分享等。微信视频号内容风格偏稳重、专业化或生活化，强调价值传递和情感共鸣。创作者在打造人设时，可以通过长视频深度展现个人特质、专业知识或生活理念，塑造专业形象或与用户形成情感连接。

其他短视频平台则以短小精悍的视频为主（通常 15 秒到 1 分钟），强调视觉冲击力、创意表达和瞬间吸引。其内容风格多样，但普遍追求新颖、有趣、快节奏。创作者在打造人设时，需要在短时间内通过鲜明的形象、独特的口吻、抓人眼球的画面等快速树立人设，吸引用户停留、点赞、分享。

3. 推荐机制与流量获取

微信视频号的推荐机制结合社交关系链与算法推荐，初期流量可能更多来自微信好友、公众号"粉丝"等私域流量，后期依赖内容质量与用户互动获得系统推荐。创作者在打造人设时，一方面要借助微信社交网络精准传播，另一方面要注重内容质量和互动引导，通过社交网络和算法推荐提升内容的传播度。

其他短视频平台主要依赖算法推荐获取流量，内容能否获得大规模曝光取决于其初始推送后的用户反馈（如完播率、点赞率、评论率等）。创作者在打造人设时，需特别关注内容是否吸睛，以及如何引导用户产生积极互动行为，以提升内容在平台算法中的权重。

4. 社交互动与"粉丝"运营

微信视频号的社交互动深度集成于微信体系，用户可通过评论、点赞、转发至朋友圈、微信群等多种方式进行互动，互动氛围更偏向熟人社交。为打造人设，创作者在互动时可利用微信私域资源进行深度用户运营，如组建"粉丝"群、提供"粉丝"专属福利等。

其他短视频平台的互动主要在平台内部进行，用户可能互为陌生人，互动氛围更加开放、直接。为打造人设，创作者在互动时可通过平台内置功能（如直播、动态、弹幕等）与"粉丝"保持高频互动,也可通过参与平台活动、创建热门话题等来增强"粉丝"黏性。

因此微信视频号的人设打造与其他短视频平台相比，更注重与微信生态的融合、长视频内容的价值传递、社交关系链的利用，以及熟人社交氛围下的深度互动。而在其他短视频平台则更强调短平快的内容创新、迎合平台调性的内容创作、迎合算法推荐的互动引导，以及开放社区环境下的"粉丝"运营。根据不同平台的特点，人设应有针对性地进行差异化塑造。

二、利用朋友圈、社群"增粉"

微信视频号想要利用朋友圈和社群"增粉"，可以采取以下几种策略。

1. 制作高质量分享素材

创作者应设计吸引眼球的视频封面、标题和简介，确保视频在朋友圈和社群中预览时能够快速传达其核心价值和看点;同时，添加醒目的引导语，如"想了解×××必看"等，引导用户点击进入微信视频号。

创作者还可以剪辑精彩片段预告，截取视频中最精彩、最具话题性的片段，分享至朋友圈和社群，引发用户好奇心并引导用户点击完整视频。

2．利用朋友圈高效传播

创作者应测试账号朋友圈活跃时间段，选择用户在线高峰期发布视频，增加视频曝光机会；同时，保持固定的发布频率，让用户养成期待新内容的习惯。

创作者应为视频撰写个性化且引人入胜的文案，讲述视频背后的故事、创作心得或价值亮点，还可以在文案中加入互动元素，如采访提问、评论区投票、挑战活动等，鼓励用户留言讨论。

此外，创作者还可以使用相关话题标签和地理位置标记，增加内容被搜索和推荐的机会。若内容与本地生活密切相关，标记地理位置可吸引同城用户关注。若内容涉及合作方、嘉宾或其他影响力人物，记得在文案中提到他们，利用他们的社交网络扩大传播范围。

3．深耕社群运营

创作者应寻找与微信视频号内容领域相关的微信群、QQ 群等社群，积极参与讨论，分享有价值的观点或资源，树立专业形象，吸引目标用户关注微信视频号。

同时，创作者可以为微信视频号"粉丝"建立专属社群，提供独家内容、优先互动、线下活动等福利，增强"粉丝"归属感，鼓励"粉丝"在社群内自发分享微信视频号账号内容，形成口碑传播。

创作者应定期举办社群活动如线上直播分享、主题讨论、问答互动、专属福利发放等，通过活动引导社群成员关注微信视频号账号，同时鼓励他们在自己的社交网络中扩散活动信息。

创作者可以在社群内设置转发激励，发起"转发抽奖""集赞换礼"等活动，激励成员将微信视频号内容分享到自己的朋友圈，利用其社交网络带来新"粉丝"。

4．利用亲友资源

通过亲朋好友、同事、合作伙伴等身边的亲友资源，请他们在朋友圈和社群中转发分享微信视频号账号内容，利用熟人推荐的力量吸引新"粉丝"。创作者可以与具有影响力的博主、意见领袖、行业专家等合作，借助其"粉丝"基础快速"增粉"。

通过上述策略，创作者可以有效利用朋友圈和社群的力量，扩大内容覆盖面，吸引潜在"粉丝"关注，实现"粉丝"数量的稳步增长。利用朋友圈、社群"增粉"的关键在于持续提供优质内容，精心策划分享素材，积极参与社群互动，并合理利用亲友资源进行推广。

三、提升微信视频号账号内容二次传播的技巧

提升微信视频号账号内容二次传播（即用户自愿分享到自己的朋友圈、微信群等社交渠道）的技巧，有以下几种。

1. 情感共鸣

（1）打动人心的故事

讲述真实或虚构的故事，尤其是那些蕴含亲情、友情、爱情、励志、成长、梦想等普世情感的故事，能引发用户的情感共鸣，激发其分享欲望。

（2）触动人心的观点

表达独特见解、人生感悟或社会评论，能引起用户内心深处的认同感，促使他们通过分享表达自我态度。

2. 实用价值

（1）知识干货

提供专业、实用、易懂的知识或技能，如健康养生、职场技巧、育儿经验、生活窍门等，让用户感到学有所用，乐于分享给有需要的朋友。

（2）热点资讯

及时跟进社会热点、行业动态、政策解读等，为用户提供有价值的信息，满足他们了解时事的需求，也便于他们在社交圈中参与讨论。

3. 趣味娱乐

（1）幽默搞笑

轻松幽默的内容，如搞笑段子、恶搞视频、表情包等，能带给用户愉悦的感受，使他们乐意分享以传递快乐。

（2）创意新颖

独特视角、创新形式、脑洞大开的内容，如创意短视频、艺术作品、科技奇趣作品等，因其具有新鲜感和视觉冲击力，易于激发用户分享欲望。

4. 社交货币价值

（1）彰显个性

创作能够反映用户自身的品位、价值观、生活方式等内容。用户分享这样的内容有助于塑造和展示个人形象。

（2）社交互动

通过带有互动元素的内容，如问卷调查、投票、测试、挑战等，鼓励用户参与并分享结果，形成社交互动链条。

5. 公共利益

（1）公益倡导

创作关注社会公益、环保、慈善等议题的内容，唤起公众意识。用户分享此类内容既展示社会责任感，也有助于推动社会进步。

（2）重要提醒

创作关于安全警示、健康预警、防骗指南等实用信息的内容。用户认为分享有助于保护亲友，因而愿意传播。

6. 稀缺性与独特性

（1）独家内容

发布难以在其他地方获取的独家报道、采访、幕后故事等，因其稀缺性增加内容的分享价值。

（2）限定活动

发布限定时间内的促销、优惠、赠品等信息，用户分享可帮助亲友抓住参与限定活动的机会，同时也展示自己的"消息灵通"。

7. 社交证明

（1）名人效应

与知名人士、权威专家、行业领袖相关的访谈、观点、推荐等内容，用户分享此类内容可提升自身社交地位。

（2）社交认同

大量点赞、评论或转发的内容，用户出于从众心理，可能更愿意分享已被大众认可的内容。

用户更愿意传播的内容往往具备情感触动、实用价值、趣味性、社交互动、公共利益、稀缺性、社交证明等特点。创作者在拍摄短视频内容时，应充分考虑这些因素，以提高内容的传播力。

四、微信视频号账号的数据分析

微信视频号账号的数据分析是通过对微信视频号账号各项数据指标的收集、整理、分析，了解视频内容的传播效果、用户行为特征、账号运营状况等，为优化内容策略、提升用户黏性、实现商业目标提供数据支持。

1. 基础数据统计

（1）播放量

单个视频或一系列视频的总播放次数，反映内容的总体曝光程度。

（2）点赞量

用户对视频内容表示喜欢或赞同的次数，反映内容的受欢迎程度。

（3）评论量

用户对视频发表评论的次数，反映内容引发讨论和互动的积极性。

（4）转发量

用户将视频分享到朋友圈、微信群等其他平台的次数，反映内容的传播力和社会影响力。

（5）关注量

新增关注微信视频号账号的用户数，反映账号的"涨粉"速度和"粉丝"积累情况。

（6）完播率

观看完整视频的用户占总播放用户的比例，反映内容的吸引力和用户观看深度。

微信视频号基础数据如图 3-4 所示。

图 3-4　微信视频号基础数据

2. 用户行为分析

（1）观看时段分布

分析用户观看视频的主要时间段，有助于调整发布时间以匹配用户活跃时段。

（2）观看来源

分析用户是从哪个入口（如发现页、朋友圈、公众号链接等）观看视频，可了解各渠道的引流效果。

（3）用户地域分布

关注用户的地理位置分布，有助于制定地域定向的内容或营销策略。

（4）用户画像

用户画像包括性别、年龄、兴趣标签等用户基本信息，有助于了解目标用户特征，精细化内容创作和推广。

（5）用户互动行为

用户在视频下方的点赞、评论、转发等具体行为即用户互动行为。创作者应分析哪些类型的内容更易引发特定互动行为。

微信视频号用户行为分析如图 3-5 所示。

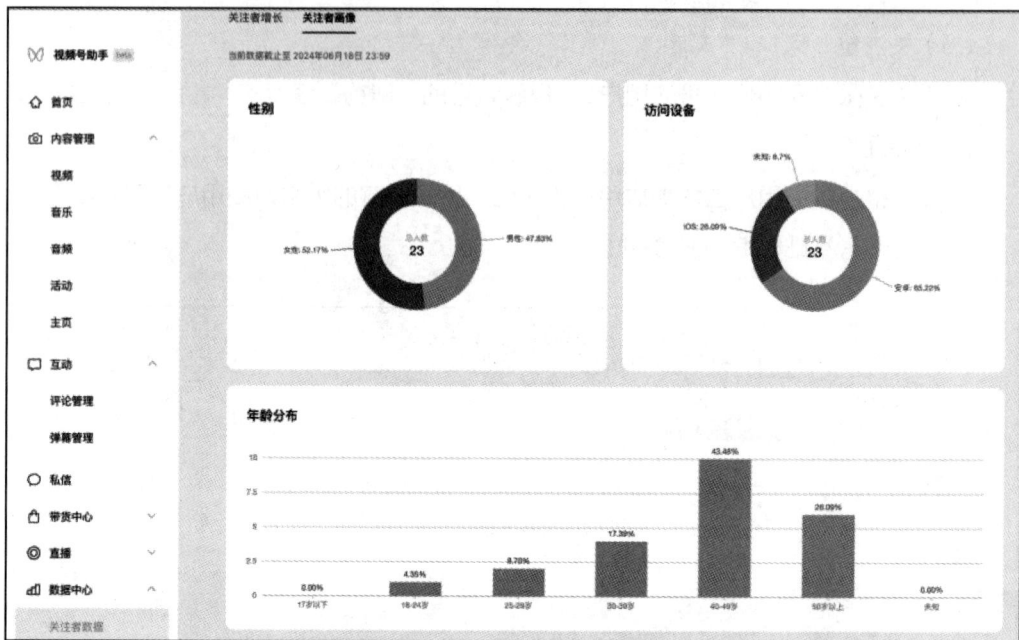

图 3-5　微信视频号用户行为分析

3．内容效果分析

（1）内容分类表现

按内容主题、形式、风格等分类，对比各类内容的播放量、点赞量、评论量、转发量等数据，找出最受欢迎的内容类型。

（2）单视频数据

对单个视频进行详细的数据分析，包括发布日期、时长、标题、封面、描述等因素对数据表现的影响。

（3）内容生命周期

追踪单个视频发布后的数据变化趋势，观察其热度上升、维持、下降的阶段特征，了解该内容的长尾效应如何。

4．运营策略分析

（1）发布频率与效果

分析不同发布频率（如每日、每周）下，视频数据的表现，找到最佳发布节奏。

（2）互动策略效果

通过定期问答、直播互动、评论回复等方式，评估互动策略对用户黏性、活跃度的提升作用。

（3）活动营销效果

分析举办线上活动、发起挑战、发布专属优惠等活动期间的数据波动，并衡量营销活动的影响力。

5. 竞品分析

（1）竞品选择

选取同领域内数据表现优秀的微信视频号账号作为竞品，关注其内容风格、更新频率、互动策略等。

（2）竞品数据对比

对比竞品与自家账号在播放量、点赞量、评论量、转发量、关注量等关键数据上的差异。

（3）竞品内容

研究竞品的爆款内容、特色栏目、互动方式等，借鉴其成功经验，优化自身内容策略。

6. 数据驱动优化

（1）问题诊断

根据数据分析结果，识别账号在内容创作、发布策略、用户互动等方面存在的问题。

（2）策略调整

基于数据洞察，提出针对性的改进措施，如调整内容选题、优化发布时间、强化互动环节等。

（3）效果追踪

实施优化措施后，持续监测相关数据变化，验证优化效果，形成数据驱动的迭代优化闭环。

通过以上六个方面的数据分析，微信视频号账号运营者可以全面了解账号运营状况，精准把握用户需求，科学调整内容和运营策略，不断提升自身账号的影响力和商业价值。同时，账号运营者要充分利用微信视频号后台提供的数据分析工具，以及第三方数据分析平台，进行深度、精细化的数据挖掘和分析。

任务三 微信视频号直播与其他平台直播的区别

微信视频号直播板块作为微信生态内的直播板块，与其他独立平台（如抖音、快手、淘宝等）直播板块存在一些显著的区别。以下是几个主要方面的对比。

1. 平台定位与用户场景

（1）微信视频号直播

依托于微信这一社交巨头，微信视频号直播具有强烈的社交属性。它不仅是一个内容分享平台，更是连接个人、社群、企业与潜在用户的社交桥梁。用户在微信内即可直接观看直播，无需跳转到其他应用，使用场景更倾向于社交互动、知识分享、品牌营销及私域流量运营。

（2）其他平台直播

抖音、快手、淘宝等平台的直播功能往往与各自平台的核心功能紧密相连。抖音和快手侧重于娱乐化内容消费，用户通常在休闲时间寻找有趣、新颖的短视频，并在此过程中发现并观看直播。淘宝则专注于电商直播，用户在购物情境下寻找产品介绍、促销信息等。这些平台的直播更多地服务于娱乐消遣或直接购物需求。

2. 流量来源与分发机制

（1）微信视频号直播

微信视频号直播流量来源多元化，既可以是微信好友、微信群、公众号等社交网络的分享传播，也可以是微信视频号内部推荐算法的流量分发。由于微信的强社交属性，直播更容易触达既有"粉丝"和熟人"圈子"，形成深度互动。此外，微信视频号直播可能还受益于微信搜索、看一看、朋友圈等入口的曝光。

（2）其他平台直播

其他平台直播依赖于平台自身的推荐算法进行中心化的流量分发。例如，抖音、快手通过算法精准推送用户可能感兴趣的直播内容，而淘宝直播则主要通过店铺"粉丝"、商品页面关联、平台活动推广等方式吸引流量。这些平台的直播更依赖平台算法匹配广泛的潜在用户，而非仅限于主播的社交圈子。

3. 社交互动与私域运营

（1）微信视频号直播

微信视频号直播强调社交关系链的深度整合，用户可以直接在直播间内转发给微信好友、微信群，甚至生成直播小程序码进行更广泛的分享。主播可以利用微信生态中的公众号、小程序、企业微信等工具，实现直播前的预热、直播中的互动、直播后的用户留存与复购，形成完整的私域流量运营闭环。

（2）其他平台直播

其他平台直播虽然也提供互动功能（如评论、礼物、弹幕等），但社交关系链相对较弱。用户之间的互动更多停留在平台内部，难以直接延伸至外部社交网络。对于私域运营，虽然也有相应的工具支持（如抖音的"粉丝"群、快手的小店等），但相比微信生态，跨平台的用户管理和触达能力受限。

4．商业模式与转化路径

（1）微信视频号直播

得益于微信支付的无缝接入，微信视频号直播带货的交易流程极为便捷，用户无需离开微信即可完成购买行为。此外，微信视频号直播不仅可以用于商品销售场景，还常用于知识付费、线上课程、企业宣讲等多种场景，商业变现途径丰富。由于深度嵌入微信生态系统，微信视频号直播能有效促进用户关注公众号、加入社群等多元转化目标。

（2）其他平台直播

其他平台各自拥有成熟的电商体系或合作电商平台（如抖音的抖音小店、快手的小店、淘宝直播的店铺），在直播带货方面有较为成熟的交易流程和保障机制。商业模式以广告分成、直播打赏、商品销售为主，转化路径相对直接，但可能需要用户跳转至第三方平台完成交易。

微信视频号直播与其他平台直播的主要区别在于社交属性、流量来源与分发机制、社交互动与私域运营，以及商业模式与转化路径。运营者选择哪个平台进行直播运营，应根据目标用户、内容类型、商业目标等因素综合考量。微信视频号用户观看的直播内容类型及观看率如图 3-6 所示。

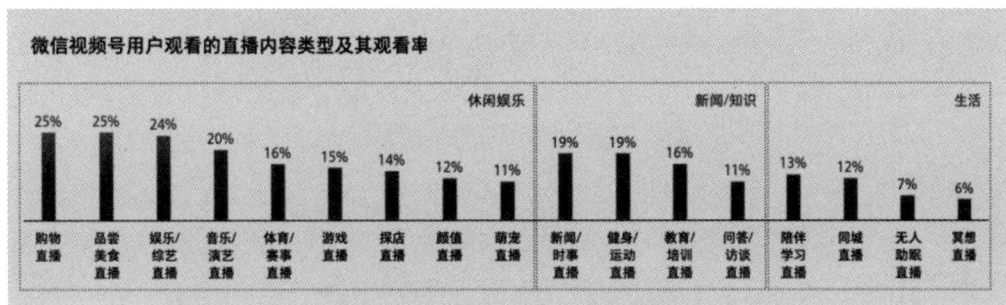

图 3-6　微信视频号用户观看的直播内容类型及观看率

课后思考与练习

微信视频号的用户有什么样的特点？

任务情境

微信视频号是基于微信传播的短视频、直播平台，具有非常好的传播性，"金苹果"公司想要在微信视频号进行推客分销，请同学们帮助"金苹果"公司分析微信视频号的用户特点。

实施要求

完成微信视频号的用户画像。

实施步骤

请同学们思考微信视频号的用户画像所包含的内容，并填写表 3-1。

表 3-1　微信视频号的用户画像

项目	分析结果
性别	
年龄	
地域	
职业	
兴趣偏好	

PART 04

项目四
哔哩哔哩运营实战

项目导读

　　哔哩哔哩（Bilibili，也称 B 站），诞生于 2009 年。早期的哔哩哔哩是一个动画（Animation）、漫画（Comics）、游戏（Games），简称 ACG 内容创作与分享的视频网站。哔哩哔哩发展至今已有动画、知识、电影等 20 多个分区，其主要内容品类有生活、娱乐、游戏、动漫、科技，哔哩哔哩还开设了直播中心、游戏中心、会员购中心等业务板块。哔哩哔哩的一大特色是悬浮在视频上方的实时评论，也就是弹幕。弹幕的存在构建了用户之间的共时性关系，营造出了类似部落式的虚拟观影氛围，让哔哩哔哩真正实现从单向视频播放平台转变为双向的情感连接平台。

知识目标

| 了解哔哩哔哩的发展历程和特点。
| 掌握哔哩哔哩运营策略与方法。

能力目标

| 能够制定哔哩哔哩账号运营的策略。
| 具备在哔哩哔哩"带货"的能力。

素养目标

| 增强学生信息搜集与甄别的能力，学会甄别不良信息，建立正确的世界观、人生观和价值观。
| 培养学生良好的个人道德与职业道德。

任务一 哔哩哔哩平台的发展历程及特点

　　哔哩哔哩成立于 2009 年 6 月 26 日，是国内最早一批做视频弹幕的网站。2018 年，哔哩哔哩在美国纳斯达克证券交易所挂牌。2021 年 3 月 29 日，哔哩哔哩在香港交易及结算所二次上市，上市首日市值约 2 340 亿港元。经过十几年的发展，如今哔哩哔哩兴趣圈层多达 7 000 个，成为真正的多元文化社区，还获得 QuestMobile 发布的"Z 世代偏爱 TOP20 App"和"Z 世代偏爱泛娱乐 App"两项榜单第一名，并入选"BrandZ"报告 2019 最具价值中国品牌 100 强。

一、哔哩哔哩二次元内容发展历程

　　哔哩哔哩成立于 2009 年，起初提供 ACG 内容的分享与播放服务。网站采用弹幕评论系统，使用户能够在视频中发送实时评论。此后，哔哩哔哩推出全站高清功能，成为提供高清视频的二次元弹幕网站。

　　2012 年，哔哩哔哩推出追番功能，让用户可以追踪自己喜爱动画片的更新情况。2013 年，哔哩哔哩完成数百万美元的 A 轮融资，并且开始尝试扩展非 ACG 内容，如综艺娱乐和科技等。随后哔哩哔哩上线直播功能，用户可以观看直播节目并与主播互动。2018 年，哔哩哔哩在纳斯达克证券交易所成功上市，为中国首家在海外上市的以动画视频为主题的公司。2018 年，哔哩哔哩推出"Bilibili 创作激励计划"，鼓励用户创作原创内容，并提供扶持和奖励。

　　目前，哔哩哔哩作为中国最大的二次元弹幕文化社区，拥有数亿的用户和庞大的内容库。哔哩哔哩的业务范围也扩展至电子竞技、电影与电视剧合作等领域。哔哩哔哩还拥有 200 万个文化标签、7 000 多个兴趣圈层，真正实现了"你感兴趣的都在哔哩哔哩"。

二、哔哩哔哩的视频生态

　　哔哩哔哩的视频生态主要包括创作者生态、用户生态、内容生态。

　　根据《2021B 站创作者生态报告》，2011 年到 2021 年的十年间，哔哩哔哩的创作者数量增长了 1 512%。24 ～ 30 岁的 Z 世代是哔哩哔哩主要的创作力量，占 18 岁以上创作者的七成以上。有 13% 的创作者年龄在 31 岁以上，比 2020 年增加 80%。性别分布上，61% 的上传者（Uploader，UP）是男性，39% 是女性。根据新榜《2024内容创作者生态报告》，哔哩哔哩娱乐、数码、二次元创作者较多。

哔哩哔哩在内容生产上以专业用户生产内容（Professional User Generated Content，PUGC）为主，PUGC播放量占哔哩哔哩总视频的91%，辅以少量用户生成内容（User Generated Content，UGC）和职业生产内容（Occupationally-generated Content，OGC）。除此之外，哔哩哔哩牢牢把握二次元优势，涉猎国风、纪录片、综艺、影视等各领域，持续产出高质量内容。2022年哔哩哔哩第三季度财务报告显示，月均活跃UP主月均投稿量达1 560万。而Story-Mode（故事模式）竖屏视频的上线，进一步完善了哔哩哔哩的内容生态。哔哩哔哩创作者人数变化和分区内容生态如图4-1所示。

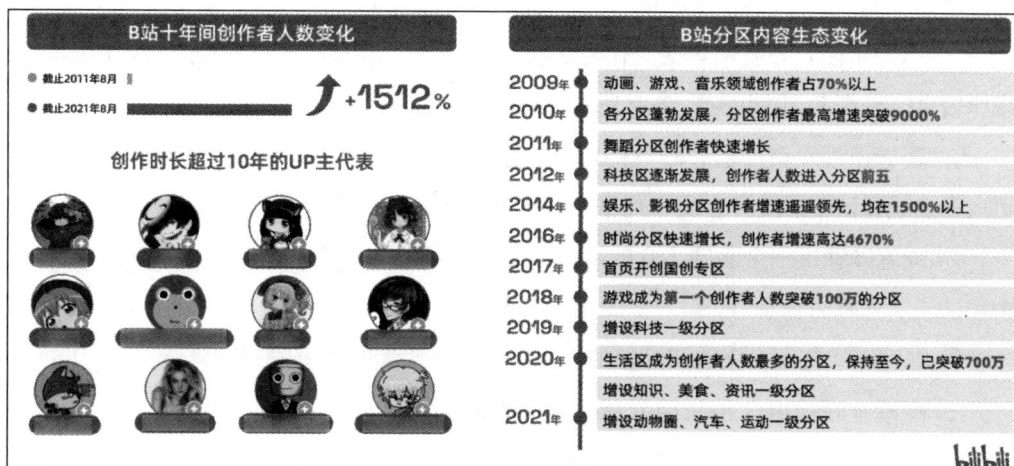

图4-1　哔哩哔哩创作者人数变化和分区内容生态变化

哔哩哔哩作为中长视频领域的平台，其内容对用户的吸附能力很强，流量的长尾效应明显。内容容量相比短视频更大，可以进行多维度表达，能够给用户提供无法复刻的情绪价值。中长视频对用户圈层覆盖较深，更进一步地加深了用户的黏性，这是短视频无法做到的。不管是剧集、综艺、动画还是纪录片，中长视频用户都更加愿意为其内容付费，在互动和分享方面的意愿也更加强烈。

除此之外，在打造知识产权（Intellectual Property，IP）方面，中长视频明显更有效，因为其内容连贯性高，所以给用户的持续陪伴感强。具体而言，单个IP可以通过直播、有声书、微短剧等形态实现多内容品类开发，在满足用户不同需求的同时，也帮助IP通过多样的内容品类触达更多圈层用户，还可以通过舞台剧、艺术展、文化集市等多种形式将IP变现，充分挖掘IP的商业价值。

三、哔哩哔哩的文化特点

如今，哔哩哔哩是涵盖7 000多个兴趣圈层的多元文化社区，几乎每一种爱好可以在站内找到相对应的类目，这也造就了哔哩哔哩独一无二的圈层文化。而弹幕作为哔哩哔哩独特的文化符号，是社区互动的核心，更是让用户在观看视频的同时发表看法的重要功能。弹幕功能虽然不是哔哩哔哩首创，但在用户眼中已然成为哔哩哔哩"灵魂"。通过发送弹幕实现与其他用户的即时互动，拉近了用户之间的距离，很大程度上消除了用户观看视频时的孤独感，让用户在发送弹幕、观看弹幕的过程中获得满足。

哔哩哔哩 2024 年全年财务报告显示，截至 2024 年四季度末，有 2.58 亿用户通过了入站考试，成为哔哩哔哩的"正式会员"，用户第 12 个月留存率持续稳定在 80%。用户黏性呈现向上增长的态势，这意味着哔哩哔哩的内容能够很大程度上留存住用户。而哔哩哔哩能在众多 App 中脱颖而出，得益于以下几点。

① 作为年轻人高度聚集的文化社区和视频平台，哔哩哔哩对视频内容创作者的要求比较高，创作者想投稿必须先答题转正。

② 观看视频没有广告，跟其他影视、综艺视频平台相比，全程无广告，打开视频可以直接观看。不需要开会员，几乎所有资源是免费的，清晰度随意切换。

③ 哔哩哔哩是一个面向大众的平台，有以教育性为主的学习内容，同时也有娱乐、影视、二次元等内容。

④ 哔哩哔哩有很多已购买版权的动漫，吸引着大量的动漫爱好者。

⑤ 哔哩哔哩提供 3 种常用弹幕模式，即滚动弹幕、顶端弹幕、底端弹幕。用户可以通过弹幕发表见解、想法，与其他用户进行交流。

⑥ 目前，哔哩哔哩是视频平台中为数不多的具备全内容属性的综合平台，给更深度地整合营销带来可能。哔哩哔哩从计算机、电视场景的长视频、手机场景的竖屏短视频，到实时直播场景，实现多触点全覆盖。

⑦ 高活跃度和高黏性。哔哩哔哩核心用户比较稳定，一直保持着高活跃度和高黏性。现在几乎所有的视频网站有评论和弹幕，但是弹幕和评论的数量和质量无法超越哔哩哔哩。

经验之谈

同时，哔哩哔哩也拥有其他平台所能提供的服务。哔哩哔哩学习资源非常多，作为"全网资源最丰富的学习软件"，被很多人视为一款学习软件。哔哩哔哩还购买并自制很多高质量的纪录片，比如《人生一串》《我在故宫修文物》《科技袁人》等。除此之外，哔哩哔哩还可以看新闻、娱乐放松。

课堂讨论

弹幕是哔哩哔哩的特色功能之一，那么弹幕功能对哔哩哔哩来说，重要性有哪些？

任务二　哔哩哔哩 UP 主的运营策略

　　互联网技术与终端设备的飞速发展催生出内容至上的时代，好的内容能够成为制造话题的基石与土壤。因此，创作者想要从新手小白状态进阶为 UP 主，创作内容分区的选择就显得至关重要。

一、内容分区选择与账号人设打造

1. 内容分区选择

　　哔哩哔哩分区（见图 4-2）相当丰富，基本涵盖年轻群体感兴趣的话题与内容，每个垂直分类下都有着各式各样的"大神"和"新秀"，也形成了独具特色的"粉丝"生态。这些年来哔哩哔哩不断优化分区设置，力求所有兴趣领域的热爱者都能在这里寻找到志同道合的伙伴，所有的创作和分享都能寻找到匹配的领域。

图 4-2　哔哩哔哩分区

　　分区的选择将决定未来内容创作的方向，因此在选择分区前，运营者需要思考以下三点。

　　（1）兴趣

　　所有关于内容的深度挖掘和创作，都是基于创作者的兴趣，兴趣本身决定着后续的内容方向。

（2）原创内容持续输出的能力

坚持源自热爱，只有热爱才能支撑 UP 主持续生产优质内容，例如长视频内容做到周更或两周一更，中短视频内容能够做到每周更新一到三次甚至更高频次。运营者在选择分区前，确认持续输出的能力也是十分重要的环节。

（3）内容风格及表达方式的定位

UP 主选择分区后，就需要明确个人差异化所在。因为不同的内容风格吸引来不同个性的"粉丝"群体，不同的表达方式也决定着"粉丝"的接受程度和忠诚度。例如当大多数知识区 UP 主正襟危坐地深刻分析逻辑、阐述观点，想要体现差异化就可以用诙谐幽默的方式去讲授知识，让内容拥有个性化风格。

2. 账号人设打造

（1）昵称选择

运营者在进行昵称选择时应突出自己的风格，需要和创作内容有关联度，尽量不要用生僻字或特殊符号，简洁有趣，加深记忆度的同时也利于"粉丝"和品牌方搜索。

（2）头像选择

运营者在选择头像时应凸显自己账号的性格，可以自行设计具有个人特色的标签式头像，并且尽量避免更换头像，这样可以强化用户记忆点，体现属于自己的账号个性。

（3）个性签名

个性签名是对自己所创作内容的延展性解读，也是对自己人设的表达。如图 4-3 所示为账号信息。

图 4-3　账号信息

二、内容发布与技巧

面对海量内容，如何判定与推送优秀内容，哔哩哔哩打造出一套专属的逻辑算法。运营者只有明确哪些指标是平台评定优质项目的关键，才能更好地使视频得到推送。

哔哩哔哩视频流量公式如下，图 4-4 为流量示意图。

$$视频权重 = 硬币 \times 0.4 + 收藏 \times 0.3 + 弹幕 \times 0.4 + 评论 \times 0.4 + 播放量 \times 0.25 +$$
$$点赞 \times 0.4 + 分享 \times 0.6$$

图 4-4　流量示意图

从图 4-4 可以看出平台的核心数据是点赞、投币、收藏和分享，只有上述数据都比较好，平台才会分配更多流量。运营者如果想要得到更好的数据表现，就必须注意以下几点。

1. 掌握发布时间，在用户高峰期进行发布

根据哔哩哔哩用户的行为习惯，周一至周五晚上 7 点以后及双休日全天是用户在线的高峰期。因此运营者可以选择在下午 5 点左右发布视频，根据平台的审核时间 1-2

小时推算，在晚上 7 点即晚高峰时段前视频就可完成上线。这样由于用户在线数量大，因此视频播放量、点赞等数据会获得较好的反馈，也更容易受到站内自然流量推荐。

2. 标题与封面图设定

播放量除了受内容与分区的兴趣度影响，也受到视频封面与标题的影响。

（1）标题

以下两种标题较能吸引用户点击。

① 激发用户好奇心，以用户点开视频就能解答标题内容为目标来设计标题，如图 4-5 所示为典型的解答内容式标题。

（a）　　　　　　　　　　（b）

图 4-5　解答内容式标题

② 结合热点，标题以当下最具热度的当红句式引入话题。例如引用电视剧《狂飙》中的话作为句式类标题，提升用户关注度，如图 4-6 所示。

图 4-6　句式类标题

（2）封面

封面的设定和标题有着相互助力的作用，其本质逻辑和标题是相通的。

① 热点事件引用。例如结合风靡一时的聊天机器人程序 ChatGPT 作为内容引导，打造爆款视频，如图 4-7 所示为热点事件引用标题。

图 4-7　热点事件引用标题

②"颜值即正义"。美好的事物总是会被人欣赏和喜爱，无论"视觉控"还是"颜值党"，好看的视频封面都会轻易捕获有爱美之心的用户的关注，如图 4-8 所示。

图 4-8　美好事物封面

③ 显著字体封面。用显著的字体强化视频主题，让用户能够通过封面快速理解视频核心内容和表现风格，如图 4-9 所示。

图 4-9　显著字体封面

3．账号初期的建立与维护

在建号初期，由于缺乏"粉丝"基础，账号的曝光度较低，运营者可以在视频内尽可能地多发一些与视频内容相关的话题性弹幕，营造和引导视频互动氛围，同时多和用户在评论中友好互动。

随着"粉丝"量逐步增加，运营者可以建立账号专属的 QQ 群或微信群，加大互动量是增加"粉丝"黏性的重要方式。运营者可以根据"粉丝"反馈不断优化视频内容，让"粉丝"得到充分尊重及满足感的同时，也能让账号逐渐发展出一批高黏性的忠实"粉丝"。

4．账号的深耕

想要持续性输出优质内容，运营者在保持更新频率的基础上打造出特色账号，以下几点务必注意。

① 持续更新有自己特色的剪辑技巧及拍摄方式的视频，每个视频时间尽量控制在 3 ~ 5 分钟。

② 关注热门话题，能够在热门时间 24 小时内输出自己的内容观点、进行创意融合。关注热门话题可以有效提升视频的播放量，运营者如果短时间内找不到热门话题的创意切入思路，也可以通过观看其他 UP 主的相关创意切入点，来拓宽思路，激发自己的创作灵感。

③ 尊重原创。哔哩哔哩是内容至上的平台，鼓励和保护独立内容创作。建号前期，运营者可以通过模仿借鉴完成自己的入门阶段，但最终需要形成自己的风格，完成更多原创作品，才能持续吸引用户关注。

④ 利用多平台分发提升哔哩哔哩账号影响力。运营者可以在全平台例如抖音、小红书、快手、微博等平台均同步上线自己的作品，让"粉丝"在多平台积累，再通过"粉丝"群的跳转实现哔哩哔哩账号的"粉丝"量提升。

总之，"涨粉"并不是账号的唯一目的，账号的运营是需要持之以恒的工作，运营者应不断优化自己的视频制作技巧、关注热门话题、产出原创视频、积极在评论区互动。当账号内容越发充实，播放量不断攀升，"粉丝"也会随之增多。

三、UP 主的商业模式

如何同时为内容和品牌创造价值，是众多 UP 主和广大品牌方共同面临的问题。

简单来讲，"粉丝"的数量决定着商业化变现的多少。当账号"粉丝"达到一定量级时，账号就会受到品牌方的关注与考察。当账号内容符合需求时，账号就会接到相关企业寻求合作的商单。账号可通过视频定制、广告植入、线下活动等多种形式的结合进行商业化变现。图 4-10 为 UP 主商业模式示意图。

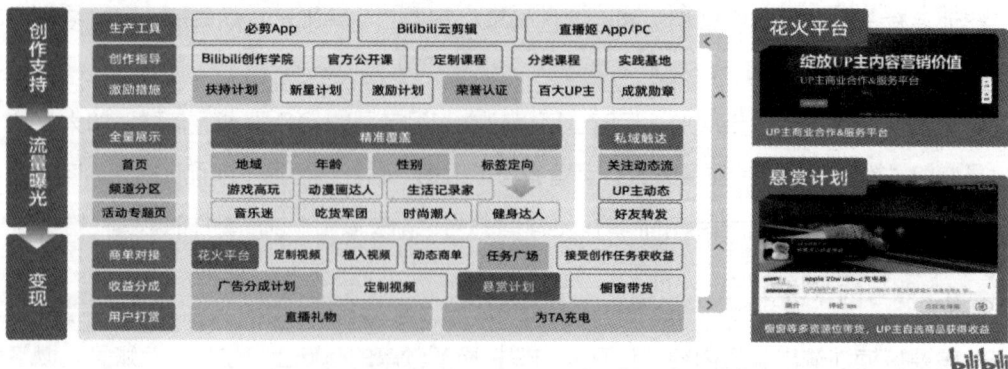

图 4-10　UP 主商业模式示意图

《2021 B 站创作者生态报告》中的数据显示，对比 2020 年和 2021 年全年商业数据，随着 Z 世代逐渐成为社会消费主体，UP 主和品牌企业纷纷入驻 B 站花火。花火成立一年来，入驻 UP 主数量同比增长 770%，入驻品牌同比增长 2 050%，B 站迎来了内容时代的海量商机，而 UP 主自然而然地成为品牌与用户之间最优质的沟通媒介。

在哔哩哔哩，UP 主进行商业内容产出主要依靠的是 B 站花火（以下简称花火）。花火是哔哩哔哩官方以"绽放 UP 主内容营销价值"为目的打造的 UP 主商业合作与服务平台，通过花火商单的形式为品牌方与 UP 主之间搭建安全、规范的商业合作环境，和一条高效、透明的商业交易链路。

基于平台大数据，花火为 UP 主提供系统报价参考、订单流程管理、平台安全结算等服务，帮助优质 UP 主更好地实现内容变现，提高创作收入，减少合作纠纷。同时，花火为品牌方提供 UP 主智能推荐、多维数据展示、多项目协同管理等服务，帮助品牌主与 UP 主更好地进行商业合作，提升合作效率。花火平台的优势如图 4-11 所示。

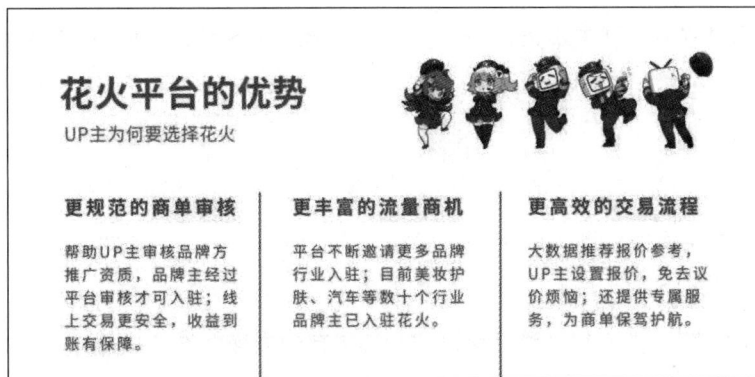

图 4-11　花火平台的优势

品牌方可以运用花火多项功能找到最适合的 UP 主。在花火上的"UP 主广场"，可以看到所有入驻花火的 UP 主，并实现搜索与筛选、查看、收藏、联系、选择 UP 主等功能。品牌方在 UP 主内容合作广场搜索框直接搜索 UP 主昵称，可以查看 UP 主各项信息，也可以根据需要推广的产品特性进行 UP 主筛选，筛选维度包括"商业类型""人设标签""职业标签""粉丝数量""任务价格"等，还能根据"粉丝数""报价"进行排序展示。

花火的内容定制模式即商单合作，是花火平台主要营销类型，服务于客户指定 UP 主合作定制化需求的售卖模式，主要形式包括定制视频、植入视频、直发动态和转发动态等。通过花火的平台机制可以得知，目前哔哩哔哩商业变现的方式大概有以下几种。

（1）视频商单

视频商单主要形式包括定制视频和植入视频。定制视频是指单一品牌露出的视频制作；植入视频是有多品牌露出的视频制作。品牌方发布视频商单的操作步骤如下。

① 点击发布任务—内容定制—填写任务信息及要求，添加已挑选或收藏的 UP 主。

② 挑选好 UP 主之后，就可以进行任务发布。

③ 任务发布之后，需要等待 UP 主确认接单，可以从任务管理栏目查看所发任务下所有的订单概况。点击具体订单的"详情"页面，可以看到该订单的流程状态。

④ 在 UP 主接单之后，还需要进行订单支付，完成支付之后账户金额才会被扣除。支付成功之后即可进入订单的后续环节——UP 主投稿、审核、上线、完成。若 UP 主拒单，那么该订单流程直接结束。

（2）动态转发

动态转发包括直发动态和转变动态两种形式。其中直发动态是指通过 UP 主的账号直接发布一条新动态，商单仅支持发布纯文字或图文类型的内容；而转发动态则是指通过 UP 主的账号转发一条已有的动态，商单对转发的内容不做限制。

（3）线下活动

品牌方通过联系 UP 主本人或所在签约机构出席线下活动，吸引"粉丝"到场。线下活动形式包括但不限于漫展、晚会、演艺、签名会等。

（4）视频直播

UP 主及虚拟 UP 主以直播的形式参与品牌活动，实现私域流量的引入和种草宣传，同时直播的形式也可以实现 UP 主和"粉丝"的实时互动，弥补常规视频产生的距离感。

（5）素材授权

商单视频授权功能旨在帮助品牌方和 UP 主在建立商业推广关系之后，便捷使用商单视频进行广告投放。品牌方可向 UP 主发起视频授权申请，在获得 UP 主的授权后，使用视频进行广告投放。

任务三　哔哩哔哩电商新蓝海

哔哩哔哩最初以 ACG 文化起家，形成了高黏性、高活跃度的二次元社区，这种 UP 主和"粉丝"之间平等、友爱和互助的社交氛围，为后续哔哩哔哩"带货"生态实现高交易转化奠定了基础。随着用户基数的增长和社区氛围的多元化，哔哩哔哩开始探索更广泛的"带货"模式，挖掘用户潜在价值进行商业化变现；2023 年哔哩哔哩"大开环"战略开启，将其内容生态向淘宝、京东等头部电商平台开放以进行导流，把基于内容的交易流量输出到站外，并建立了从品牌宣传、种草到转化交易的模型，为品牌带来新增量。图 4-12 所示为哔哩哔哩商业化发展阶段。

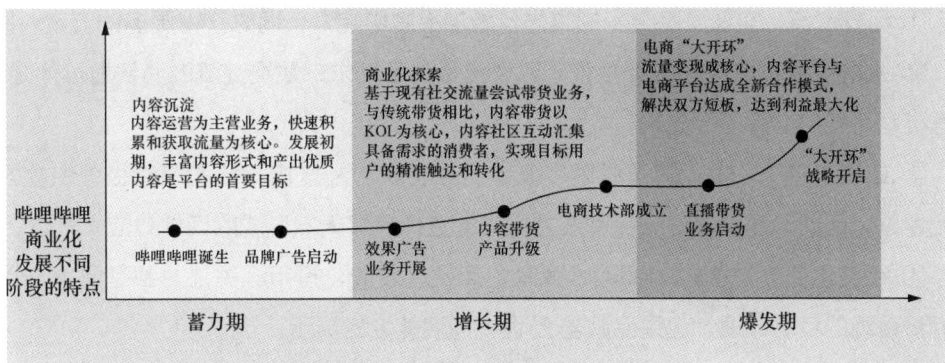

图 4-12　哔哩哔哩商业化发展阶段

一、哔哩哔哩的电商探索

哔哩哔哩的电商跟抖音在 2018 年向淘宝、京东和拼多多三家电商平台引流从而收取佣金的模式类似。但相对于抖音而言，哔哩哔哩的 UP 主与抖音的电商"达人"有很大的区别，哔哩哔哩的很多 UP 主更年轻，更加热衷于自己的兴趣爱好，对"带货"任务并没有太大的兴趣和诉求，而抖音的主播更大众化，对流量变现的主动意识和商品推销能力远远高于哔哩哔哩的 UP 主。

关于电商业务，哔哩哔哩早在 2017 年就已经建立了自己的商城。2017 年 11 月哔哩哔哩推出了会员购，售卖手办、模型、漫画、动漫周边等二次元向的商品，用户可以直接在站内完成商品购买。在 2018 年，哔哩哔哩为 UP 主开放了"淘宝联盟"的选货池。在 2019 年，阿里巴巴入股哔哩哔哩。在 2020 年，哔哩哔哩对"悬赏计划"再升级，选货池除了淘宝，还增加了京东，"带货"链接可以出现在直播、视频、评论、动态里。而当下，哔哩哔哩的电商"带货"已经将传统的直播"带货"及视频"带货"模式完全打通。目前哔哩哔哩为 UP 主和品牌方合作提供多样化模式，兼顾了内容的创新与商业价值。

根据 2024 年数据统计，2023 年哔哩哔哩开环电商商品交易总额（Gross Merchandise Volume，GMV）同比增长 260%，显示出哔哩哔哩在"带货"领域的强劲表现。

哔哩哔哩作为国内最大的内容社区之一，其高活跃度的年轻用户群体和丰富的内容生态，为"带货"业务提供了坚实的基础。哔哩哔哩建立了从品宣、种草到转化交易的模型，为品牌带来新增量。2023 年各行业的品牌投放视频数大幅增长，且根据哔哩哔哩用户内容与品类偏好呈现不同的特点。

二、哔哩哔哩电商为品牌带来的价值

哔哩哔哩电商可为参与其中的品牌实现四大价值及一个直观成果。

① 品宣价值，实现品牌更多的曝光及增加品牌影响力，同时获得更多的流量入口。

② 人群价值，垂直触达 Z 世代，Z 世代是当下及未来最具潮流的消费力群体之一，哔哩哔哩可帮助品牌占尽先机。

③ 口碑价值，Z 世代对于哔哩哔哩本身或者说对社区内 UP 主有着极强的社区认同归属感，因此哔哩哔哩对于品牌在社区内的宣传有着天然形成的口碑效应。

④ 社交价值，社区内的评论、弹幕、点赞、收藏、投币、关注，都是品牌与用户之间最直观的互动体现，也是品牌与 Z 世代沟通能力的展示。

那由此给品牌带来的最直观的一个成果就是持续增长的 GMV。

三、哔哩哔哩的电商模式

当下哔哩哔哩的电商"带货"业务从广义来看，包含开环电商及会员购两大类。所谓开环电商，指的是可以外跳至电商平台完成成交的一种导流电商模式，可以让用户在内容平台"种草"，去电商平台"拔草"。哔哩哔哩坚持做开环电商也是为了打出差异化标签，突出平台电商生态的亮点。哔哩哔哩的开环电商业务如图 4-13 所示。会员购是哔哩哔哩推出的自有电商平台，主要面向哔哩哔哩的用户群体，为用户提供各种动漫、游戏、影视相关的商品，包括但不限于手办、模型、周边、服饰等。哔哩哔哩利用自身用户优势，与众多知名 IP 合作，推出大量独家商品。这些商品通常具有独特的设计价值和较高的收藏价值，吸引了众多用户购买。对众多 UP 主来说，平台设有"UP 主优选"专区，UP 主可以推荐自己喜爱的商品，为用户提供了更多个性化的选择，同时也为 UP 主提供了额外的收入来源。

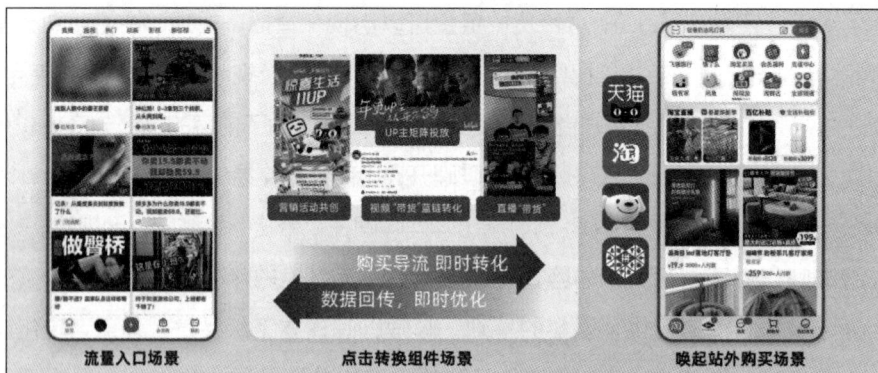

图 4-13 哔哩哔哩的电商"带货"业务

哔哩哔哩的商业化发展侧重于让内容与品牌深度结合，通过平台内 UP 主强大的内容创作能力，让种草内容打动庞大的年轻群体，使年轻群体产生对商品的兴趣，从而为品牌带来新的增量机会。哔哩哔哩的平台特点在于用户们追求高质量的原创内容，在广告植入方面，用户更在意 UP 主如何把广告和内容结合融洽。

1. 哔哩哔哩电商"带货"视频内容要求

简单来讲，哔哩哔哩电商的"带货"模式就是"优质内容＋规模化放量"。哔哩哔哩电商"带货"非常注重内容的创作，因此制作一条高质量的"带货"视频尤为重要。高质量的视频内容要求主要有以下几点。

（1）高契合的选品

与哔哩哔哩风格及用户画像相契合是选品的根本原则，运营者需要做到以下几点。

① 好适配：与平台调性相对统一，用户好接受。

② 好识别：站内、站外有一定的用户认知度。

③ 好呈现：产品具备可视化卖点，功能性强。

④ 好品质：产品本身有品质保证，能达到哔哩哔哩用户对品质的追求。

（2）强感知的卖点

梳理产品卖点提炼用户需求，运营者需要做到以下几点。

① 有背书：产品来自大品牌或有证书等有效的背书。

② 有特色：产品的成分、原料、工序、专利等有突出特色。

③ 有需求：提炼用户的使用场景或引导需求场景。

④ 有优惠：配合利益点增强转化率，刺激消费力。

（3）可视化的表达

内容呈现要足够吸睛，运营者需要做到以下几点。

① 痛点切入：展示痛点，以引起用户共鸣。

② 场景结合：以场景带入引导需求。

③ 创意联想：以产品渗透从而实现用户认知的强化。

④ 亲身体验：以 UP 主的亲测有效增强"粉丝"的信任度。

2. 哔哩哔哩电商"带货"视频广告投放平台

运营者在创作优质内容之后，就必须要借助规模化的曝光放量，在推广优质内容的过程中，让视频获得更大的曝光，有利于商品的转化。那如何让曝光能更精准地指向更具消费力的用户，并且以更好的费效比来转化这类用户？哔哩哔哩推出了三连推广平台。

三连推广平台是哔哩哔哩全新上线的一站式广告投放管理平台，其名称中的"三连"来源于品牌方围绕哔哩哔哩进行的触达、种草、转化三类营销投入。它整合了哔哩哔哩"花火商单系统""起飞内容加热系统""广告系统必须选择""高能建站功能""蓝链'带货'""DMP 管理""直播间加热"等商业能力，使 UP 主（品牌号和个人号）的视频在商业流量的推动下，应用于各种广告场景，帮助品牌方在账户和平台上实现全链路的投放需求，完成整合营销。图 4-14 所示为三连推广的优势示意图。

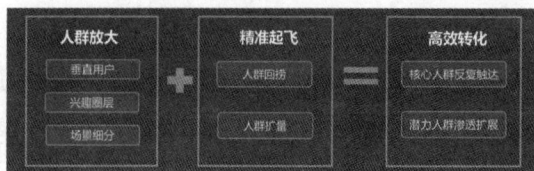

图 4-14　三连推广的优势示意图

（1）人群放大

凭借哔哩哔哩社区的高活跃度和站内高效的推广能力，品牌方在这里可以精准触达3.3 亿优质人群。

（2）精准起飞

哔哩哔哩是 Z 世代偏爱的购物决策参考平台，品牌方在哔哩哔哩依托优质内容、UP 主影响力和社区生态，与年轻一代建立信任关系，实现品牌"种草"。

（3）高效转化

借助大数据和智能化投放，提升广告吸引力与用户契合度，帮助品牌方在哔哩哔哩完成转化闭环。

3.哔哩哔哩电商"带货"能力

哔哩哔哩当前的电商"带货"能力主要分以下几个维度。

（1）快速曝光：以视频稿件播放为转化目标，扩大影响人群

根据品牌方对"种草"和转化的需求权重不同，可以选择不同的出价方式。以下主要介绍介绍两种出价方式。

每千次展示成本（Cost Per Mille，CPM）表示只要广告被展示，品牌方就需为此付费。优化后的每千次展示成本（Optimized Cost Per Mille，OCPM）会根据品牌方设定的转化目标，结合用户的行为数据、兴趣爱好、地理位置等多重因素，利用机器学习和数据分析技术，预估每次曝光的转化率，然后根据转化出价实时计算出每次曝光对品牌方的转化价值，并基于此，智能调控出价。若品牌方属于强投资回报率（Return On Investment，ROI）导向，那么 OCPM 会是较为合适的选择。相反，若品牌方对"种草"需求更大，需要更多的用户心智的占领，同时在此基础上能实现一定的转化更好，那这时候 CPM 会更加适合一些。

（2）"粉丝"增长："涨粉"变现，提高"粉丝"商业价值

哔哩哔哩的电商"带货"依托的是 UP 主的私域价值变现加商业流量变现，因此对于 UP 主来讲，"粉丝"量级的增长必然带来整体"带货"变现能力的提升，整体商业价值也随之提升。

UP 主的个人标签及人设是相对稳定的，"粉丝"画像也会有明显的标签化，在此基础上，再借助商业起飞的推流，可以依托已有"粉丝"画像的标签来让系统自动探索学习，

从而触达更多同类标签画像的人群，继而在完成"带货"转化的同时实现"粉丝"增长。

（3）深度转化：支持优化转化组件效果

对品牌方来讲，最希望视频投放触达的每一个用户都是意向客户，而对无效用户的态度是避之又避，因此这就需要利用数据管理平台（Data Management Platform，DMP）进行人群包的定制。哔哩哔哩当前可实现多种形式的定制，除最基础的针对地域、性别、年龄、机型等定向之外，DMP定制人群包可以将哔哩哔哩当前所有用户根据兴趣爱好标签、过往行为大数据等维度来进行分类打包，在投放优化过程中进行过滤或定向，从而实现更精准的用户触达或规避已转化用户的无效触达。这样做的最终结果就是让品牌方整体转化成本下降。

（4）算法策略：多种能力优化投放效果和投放效率

电商"带货"要想规模化，本质还是要放大流量投放，那这就需要背后强大的算法团队给予支持。哔哩哔哩整体算法策略的能力支持，主要体现在以下四个方面。

① 托管能力：多稿件投放，系统优选放量。

② 定向能力：精准对标起飞，快速覆盖目标用户。

③ DMP能力：全面整合用户行为数据，支持智能拓展。

④ 报表能力：数据复盘方便优化，强化商业影响力。

目前，哔哩哔哩的"带货"业务仍处于起步阶段。2024年，"双11"期间及2025年"6·18"期间，哔哩哔哩和多平台的成功合作打开了商业化的新思路，各类大型社区生态种草活动吸引UP主们纷纷下场"整活儿"，将"种草"和创意视频结合，深度连接Z世代圈层。

同时，哔哩哔哩也在继续通过各类基础设施建设，建立更为直效的"带货"赛道，逐步搭建从前端的流量导入，到内容建设，以及后端转化的营销闭环。从策略到团队，从模式、链路、产品再到资源，可以说哔哩哔哩的电商"带货"是全场景分布的。用户刷首页有创作推广与视频流，点击视频后有视频浮层、弹幕和小黄车，来到评论区有置顶蓝链，点进UP主主页有橱窗和商品标签，UP主动态与专栏里也都有商品卡。

整体来看，哔哩哔哩平台的内容"带货"胜在用户忠诚度高、社区氛围纯粹。这也造就了哔哩哔哩"带货"依赖头部少、客单价高、卖点展示直观、长效转化等特点，避免卷入流量成本斗争，为更多垂直行业、品牌客户找寻新的爆款之路。

📖 经验之谈

玩转哔哩哔哩的三条小建议

1. 深度的内容加娱乐化的表达

Z世代是教育成长下的一代，因此深度的内容对用户来说更具备吸引力，表达方式不能过于刻板，应该采取多元化的构思，这样更容易被用户接受。

2. 持续迭代视频内容

作为以兴趣分发为核心的视频平台，忠实的"粉丝"都是相同兴趣的追随者，因此作为 UP 主，要在兴趣领域持续保持学习迭代的心，不断创造出更好的内容，才能获得更多的关注。

3. 多揣测电商销售产品的趋势

哔哩哔哩电商竞争一定会随着时间的推移更加激烈，因此 UP 主不仅要紧抓哔哩哔哩用户的心智和需求，还要在不同季节、不同时期提前根据用户需求选择产品，并且抢占在大多数 UP 主之前上线，例如夏季上线皮肤去油产品、冬季上线皮肤保湿产品、春季上线旅行产品等。

课后思考与练习

如果想成为一名 up 主，请同学们根据对本项目的理解，完成自己的账号方案。

任务情境

哔哩哔哩是中国年轻一代高度聚集的文化社区和视频平台，聚集了互联网中的 Z 世代。"金苹果"公司想要通过哔哩哔哩平台实现农产品品牌年轻化，需要在哔哩哔哩平台开设账号进行品牌推广。请同学们思考账号内容要求都有哪些，并说明理由。

实施要求

为"金苹果"公司在哔哩哔哩平台策划视频内容。

实施步骤

请同学们思考"金苹果"公司在哔哩哔哩平台上进行品牌推广的时候，应如何策划账号的内容，以及原因都有哪些，并填写表 4-1。

表 4-1　哔哩哔哩平台品牌推广账号内容要求及原因

内容要求	原因

PART 05

项目五
微博运营实战

项目导读

　　近年来，微博的发展超乎人们的想象，它的诞生与发展也标志着一个新型社交媒体时代的开端。随着社会各界人士不断涌入微博浪潮中，微博用户数量开始狂飙猛进。当微博影响的范围已经触及不同人群的方方面面时，微博也从一个记录生活的工具，逐渐演变为新媒体平台，也为各类产品的营销者提供了一个新的营销渠道，自然而然地成了一块"香饽饽"。

　　在各种媒体平台应运而生的时代里，微博依然是当今火爆的信息分享平台之一，它具有实时性、互动性、社会性、便捷性等特点，是品牌方进行品牌推广、维护客户关系、危机公关的绝佳平台。

知识目标

| 掌握微博账号的运营技巧。
| 熟悉微博"带货"模式。

能力目标

| 具备运营微博账号的能力。

素养目标

| 培养学生传承与弘扬文化的意识。通过新媒体运营，学生学会挖掘和传播中华优秀传统文化，增强文化自信，弘扬民族精神。

任务一　微博平台的发展历程及特点

　　微博即微博客（microblog）的简称。2006 年，国外网站率先推出了微博客服务。随着时间的推移，国内的微博也悄然兴起。经过了引入期和探索期，在 2009 年下半年到 2010 年，国内各大门户网站强势进入微博领域，这也标志着微博迎来了成长期，而且其发展速度惊人。国内的微博产品曾一度高达 20 余种。微博平台特点如下。

一、最快传播"热点消息"

　　在所有的微博产品中，新浪微博是佼佼者。微博发展到现在，新浪微博整体内容生态环境越来越好，也越来越有开放性，成了国内重要的社交媒体平台。新浪微博用户不断产出优质内容并且获得极大范围的传播，同时可以接收自己感兴趣且足够多的内容，并且愿意为之付费。新浪微博实现了用户数增长、活跃度增长、用户花费时长增加、盈利不断增加的状态，逐渐成为微博的代名词。这个阶段微博的媒体特性和社交特性，使得它将传播人群扩大到更大范围，也让微博走向了普及阶段。新浪微博最早只支持以140 字左右的文字发布，而现在已经迭代到支持长文字、多图片、短视频、长图文等多种形式的发布。

　　微博是用户分享自己的生活、工作的点点滴滴与想法的平台。同时微博为了让更多用户能够一起讨论与分享各自的想法、汇聚不同的声音，推出了热门榜单、话题和微博内容转发的功能，因此微博具备了强大的事件传播能力。很多事件都是早期通过微博不断地发酵，然后汇聚了各方的讨论与传播，变成了人人皆知的热门事件。

　　新浪微博在微博领域具有极强的竞争力：一是国内用户数前三的智能手机移动客户端应用；二是有基于用户语义分析的大数据挖掘平台；三是有传播能量的媒体平台。

　　总之，微博这一形态的发展经历起伏，如今已进入上升通道。在这种情况下，运营者加深对微博的了解，既是移动互联网时代所需的基础能力，也能激发运营者在运营方面的潜能。

二、从 PC 端到移动端的跃迁

　　新浪微博最早诞生于 PC 端，随着移动互联网的兴起，微博产品也被移植到了移动端。为了增加移动端的用户体验，新浪成立了微博事业部并提出"移动为先"的发展战略。此后微博产品的研发和迭代更多围绕移动端的用户体验来进行。

正是这一次关键的定位和转型，让新浪进一步抓住了移动互联网的宝贵机遇，新浪微博得以崛起。

而实现从 PC 端到移动端的跃迁之后，微博的生态环境也有了质的飞跃。移动趋势增强，高黏性用户占据了主体地位。

1. 强烈的互动性

从博客的被动关注浏览，到微博的主动投递转发，是一个革命性的变化。博客相当于黑板报，需用户主动去看，微博则为用户主动推送信息。微博使得信息发布的门槛被大大降低，每个人都拥有了一个话筒，人人都是传播者。

微博使用户都处在一个平等开放的平台之上，每一种观点都可以被关注，每一种声音都可以被聆听。在这里，身份地位的差别已经微乎其微，每个人都可以发出自己的观点和意见。

微博强烈的互动性，满足了人们渴望沟通，渴望被关注、被了解的心理，也进一步拉近了人与人之间的距离。

2. 终端的快捷性

博客、论坛多能以计算机为终端，微博更多地将手机作为终端，使用户可以随时随地做到浏览、发送、转发。微博的快捷性正是它的特色之一。首先，它不受任何的外界限制，只要有手机、能上网，就能浏览发布微博。其次，微博短小精悍的形式和轻松随性的内容也非常适合这种快捷的手机发布方式。最后，在当今社会，"短平快"的文化越来越受人们的欢迎，微博的快捷性刚好满足了时下人们的需求。总而言之，手机和微博的搭配，注定将微博推到网络时代的风口上。

3. 互动的无限性

以前，无论是论坛还是 QQ 等聊天软件，参与者的数量相对有限，而微博的互动数量则趋向无限。一小时甚至半小时，一条微博就可以被转发上千次，被上万人浏览。

为什么微博上的信息关注度会如此之高，除了前面所探讨的微博的快捷性，其主要原因是相比其他传播媒体，微博的实时性和现场感强，因此它也就自然地成为每个用户随时进行信息共享的工具。

三、意见领袖、媒体发声的集散地

与其他社交网站不同，作为微博的用户，双方即便没有相互关注也可以进行即时的互动。用户也可以在微博平台上搜索并关注任何想要关注的账号，并且不需要对方确认通过。这种关注与被关注的模式，是一种非对称的人际传播关系，但也正是这种不对称的关系形成了微博广播式的信息流动。

当用户在微博上发布了一条有价值的信息后，首先看到信息的"粉丝"就成了第一级传播通道。按照一个人平均有 100 个第一级"粉丝"计算，若被自己的第一级"粉丝"中的 10%（即 10 个人）转发后，就会增加 1 000 个人读到该信息。以此类推，信息的被阅读次数就会轻松达到数万、数十万甚至数百万。

也就是说，在微博的信息传播模式中，信息的创建者和信息的内容是密不可分的。关注者是在信任的基础上，才会在亿万信息中选择该用户发布的消息。在微博中，之所以能建立起这种相互信任的关系，主要是基于微博本身实名 / 半实名的特性、微博的人性化特征、微博的实时性综合作用。而这种基于信任链的传播模式，就是人们常说的"病毒式传播"。

微博有其独特的传播模式与特征，具体表现在低门槛、实时性、高聚合、强裂变这四个方面。

1．低门槛：传播主体更大众

最早的传统媒体如电视、报纸，它们最大的特征就是单向传播，用户只能被动地接收信息，但微博平台的出现，在很大程度上降低了普通人发布信息的门槛，用户既不需要像过去一样被动接收信息，也不需要像在博客一样只能发布长篇内容。一段简短的文字、一张有趣的图片，用户可以随时随地直接发布在个人微博账号中。正是这样的传播方式，使得微博信息的传播主体更大众。

每个用户发布的信息，都可以通过"粉丝"、话题等得到曝光，并随着不断增加的转发量扩大影响，形成信息的去中心化传播。用户通过小小的内容发布文本框，可以发布一条让成千上万人看到的内容。

微博平台还通过组织各类话题活动，不断鼓励用户创作，进一步激发用户的表达欲望，让他们从"旁观者"变成"当事人"，形成"人人都是媒体"的传播格局。

2．实时性：扩散传播更高效

微博平台的内容发布门槛非常低，用户可以不限时间和地点发布内容，因此微博具有非常强的时效性和现场感。在一些热门事件发生、发展的过程中，微博就会成为用户实时播报信息、发表看法的"微媒体"。也正因用户在微博平台发布的内容具有实时性的特点，所以在出现突发新闻、社会热点事件时，微博就成了信息传播的"主战场"。

因此，很多传统媒体也纷纷开通微博账号，并开始加强新媒体的内容发布与运营，图 5-1 所示为人民日报官方微博（以下简称官微）。传统媒体的官微借助微博的多媒体优势，实现了文字、图片、视频的立体化、实时性传播，既弥补了自身传播方式的不足，又实现了信息的高效扩散，同时实现了传统媒体发布信息的多渠道覆盖。

3. 高聚合：热点话题更聚合

微博的话题板块可以使相关内容通过一个话题进行聚合。在聚合的话题中，用户可以快速查看与某一话题相关的所有内容，进而激发用户进行信息扩散、创作和讨论的热情。

同时，参与人数较多的话题会登上热搜榜，话题的热搜排名越靠前，越能吸引用户的关注和传播。"有没有上热搜""热搜第几名"已经成为用户评判一个事件受关注程度的重要标准。图 5-2 所示为微博热搜榜示意图。

图 5-1　人民日报官方微博

图 5-2　微博热搜榜示意图

基于用户关注机制，微博"大 V""中 V"这些具有一定"粉丝"基数的关键意见领袖（Key Opinion Leader，KOL），已成为话题传播中的关键人物。他们可以迅速扩大信息传播范围，促成信息的二级传播。

在信息传播过程中，这些 KOL 承担了信息过滤和聚合的工作。原本零散的信息，经由他们的转发被更多用户看到。同时，KOL 参与讨论或二次创作，也提升了话题热度。热搜话题和 KOL 作用的叠加，"引爆"了热点事件，对信息的扩散传播起到了重要的推动作用。

4．强裂变：内容互动更多元

微博用户可以同时接收、传播、发布信息。例如，只需简单评论及转发，用户就完成了信息的传播与二次加工。与传统媒体一对多的线性传播模式不同，微博平台的传播呈网状，可以实现一对一、一对多、多对一、多对多的信息传播。

任务二　微博账号的运营

一、微博的人设与定位

微博账号的运营与其他新媒体账号一样需要根据清晰的目标进行定位，包括运营领域的定位、运营形象的定位、运营目的的定位，以及目标用户的定位。根据这些具体目标进行相应的定位之后，微博运营者会有一个清晰的运营规划，该规划将作为微博运营过程中制定具体方案的依据。

而在运营的过程中，运营者所塑造出来的人设，将会直接影响外界对运营者的认知。比如严肃的形象会让外界看到账号人设的严谨与认真；而"萌"的形象则告诉大家，账号人设走的可能是轻松可爱的路线。运营者在运营过程中不同的形象塑造，将会给用户传递截然不同的印象，而这种印象又将直接影响用户对人设的判断和选择。

个人微博定位，一定要非常具体，要有生活感和烟火气，要有属于自己的气质，才能吸引精准目标用户群体关注。

而企业微博是微博平台专门为企业用户提供的一种微博账号类型，由企业进行微博运营。一般来说，就是企业通过微博来增加自己的知名度，从而实现更大范围的销售转化。

1．个人微博运营

个人微博运营是利用个人身份注册的微博发布信息，并与其他用户进行互动，包括微博转发和评论等。对于知名人士，他们本身在各自专属的领域内就有很大的影响力，而进行微博营销，只不过是把线下的影响力延伸到了线上。还有一些微博大咖是运营微博比较早的那一批人，他们在找到自己的定位后，随着微博的不断发展，也快速获得了最早的一批"粉丝"。而对于更多的普通用户来说，做个人微博营销，要从零开始，在探索中，利用一些方法和技巧，逐步打造个人品牌影响力。

（1）昵称

昵称设置的首要因素就是要容易识别，字数不要过多，要有利于打造个人IP。昵称应避免使用生僻字，尽量不超过 5 个字，尽量不使用文字和特殊符号混搭的形式，不给传播人为制造难度。

（2）简介

一般来说，70 字的简介是展示自己的黄金广告位，当用户进入微博账号的主页后，会第一时间通过简介来了解。所以，在简介中一定要突出自己的优势。需要注意的是，简介应少而精，字数太多，反而不利于用户记忆。

（3）头像

头像最好直接放个人真实的生活照，这样给人的感觉会更鲜活，更有代入感，也会更有利于营销推广。

（4）达人与认证

一般来说微博认证最好是微博 V 认证，权限会更高一点，平台也会给更多推荐机会和更多的功能。黄 V 认证标志（微博个人认证）的账号，往往会给用户一种权威的感觉，从而有更多的机会被点击查看。但如果没办法进行微博认证，个人也可以申请微博达人。如图 5-3 所示为微博认证体系中的个人认证示意图。

图 5-3　微博认证体系中的个人认证示意图

（5）定位

确定了定位，账号就更具识别性。通常情况下，确定定位时运营者可以从自己的兴趣出发，兴趣往往是人们把一项工作坚持下去的最大动力。切忌随意改变定位或发布与定位不符的内容。

（6）内容

以内容引爆转发是吸引"粉丝"的最有效的方法之一。

① 发布容易和"粉丝"产生关联的内容。博主发的微博信息能触动"粉丝"，让"粉丝"产生共鸣，觉得博主表达了自己的所思所想。也就是说，运营者发布的内容一定要有共情力。

② 发布实用信息。凡是实用信息、对别人有用的知识，人们大多会毫不犹豫地转发，像各种软件的操作技巧、求职简历模板、新媒体爆款文案写作方法等，容易引发持续转发。

③ 发布有奖转发的内容。

当博主的个人品牌影响力逐渐建立，接下来的运营活动，相对来说就比较容易了。

2. 企业微博运营

企业微博是微博平台专门为企业用户提供的一种微博类型，企业进行微博运营，就是企业通过微博来增加自己的知名度，从而最终实现更大范围的销售转化。企业微博运营主要是以盈利为目的的，运营难度相对较大。不过，企业微博受到稳定的消费群体关注之后，那么对企业而言，这将是一次非常成功的营销。如图5-4所示为企业"蓝V"认证。

图5-4　企业"蓝V"认证

（1）明确定位

要对账号当前所处的阶段进行定位。微博账号处在不同的时期，运营的侧重点也不同。比如在微博账号的起步阶段，运营就要侧重于平台注册、平台认证、基础建设之类的工作；到了发展阶段，运营工作就要倾向于人设的个性化、内容的栏目化及活动系列化方面的工作。到了成熟的阶段，就要考虑活动品牌化、栏目品牌化、口碑营销及建立行业影响力等问题。

要对微博渠道的用户群体进行定位，运营者可以从用户的性别、职业、年龄、消费水平、消费习惯等方面入手。需要注意的是，运营者不要被产品和品牌的用户群体所限制，只看品牌和产品的用户群体，而忽略了微博平台自己的用户群体特征。运营者要根据渠道和用户定位，规划微博渠道内容。

（2）基础运营

如果企业微博处在比较初级的发展阶段，重点工作就是做基础运营。所谓基础运营，又称美誉度运营。对企业微博账号的运营者来说，要把企业微博当成一个产品，以产品运营的心态运营微博渠道。产品运营首先要确保产品基础功能无重大缺陷，比如微博页面不宜过于粗糙。运营者运营企业微博，也要考虑微博认证、互链优化，以及与用户互动等问题。

（3）背景墙

运营者对微博背景墙的优化工作，应将 PC 端和移动端都纳入考虑范围。背景墙应简洁，应避免在背景墙上放置过多标识。很多企业总担心别人不知道自己的微博账号属于哪个企业，于是在背景墙上放了若干标识。其实微博图标和微博名称，就足够让人知道这个微博属于哪家企业了。微博配图也要统一风格，运营者可以考虑制作一些微博配图模板，并根据不同栏目设计系列模板。

（4）用户互动

积极回复用户的评论，会很好地提高微博账号的活跃度。另外，如果看到用户原发的优质内容可以转发，这样可以刺激"粉丝"通过互联网进行二次创作，即使不转发也可以进行评论或点赞。

（5）人格化运营

根据用户定位，运营者可以给官方微博起一个个性化的名称。这样可以拉近与用户的距离，赋予企业微博温度。比如小米的米兔，就属于品牌个性化运营。

（6）更新微博频率

通常情况下，运营者应根据账号的定位和需求合理发布内容。同时，微博阅读有几个高峰时段，即早上 10 点、下午 4 点、晚上 11 点后。

（7）内容运营

内容为王，优质的内容才能实现拉新。内容分为官方输出的内容和用户创作的内容。

官方可以多输出一些实用类的信息，也可以结合时间节点和热点事件策划活动。微博运营不能只有官方输出的内容，官方要刺激用户输出内容，盘活用户，增强用户的参与感。官方可以通过发起一些活动让用户参与，比如科技数码类微博账号，可以发起体验活动，让用户输出玩机体验内容。官方在用户输出内容的基础上，再次策划包装这些内容，一方面可以二次传播，另一方面也是对用户的一个肯定，可以刺激他们更多参与活动。

（8）活动运营

活动分线上和线下活动。线上活动是"增粉"最快的手段，同时也可以提高用户活跃度，运营者应抓住大型营销活动时机。线下活动的"增粉"关键在于如何最大限度导流。

企业发起微博线上活动，推荐优先使用微博活动平台。新浪微博活动平台自带的活动，相当于免费的活动广告资源。在没有市场广告经费的情况下，发起微博活动平台自带的活动是增加"粉丝"的一个好办法。关于线下"粉丝"活动，如果有抽奖的环节，可以把抽奖环节与关注账号绑定一起处理。

（9）用户运营

用户运营的目的是留存"粉丝"，并且把"粉丝"培养成为核心用户。通过 QQ 群、微信群，维护核心用户群体，并且建立合伙人机制，让这些核心"粉丝"成为产品合伙人。

（10）数据分析

可以利用新浪平台微博数据分析工具分析用户年龄、用户城市分布、页面浏览量（Page View，PV）、独立访客（Unique Visitor，UV）价值等。运营者可以通过制作表格，利用数据走势，分析企业微博用户活跃高峰的时间段、用户阅读喜好等，根据数据不断优化微博运营。

二、身份激活的基础工作

1. 微博账号申请

新浪微博与新浪网用户可共用账户平台。如果已有新浪账号，如新浪博客、新浪邮箱（xxx@sina.com、xxx@sina.cn），可以直接登录微博，不需要再次申请开通。

微博账号申请步骤如下。

（1）进入微博注册页面

（2）点击"立即注册"

（3）选择注册类型

开始注册页面分为"个人注册""官方注册（企业号）"两种注册类型，用户选择要注册的类型进行注册。个人微博与官方微博的联系与区别见表 5-1。

表 5-1　个人微博与官方微博的联系与区别

项目	个人微博	官方微博
账号名称	不可重复	不可重复
功能权益	官方"达人"扶持	个性主页展示
认证费用	类型多样，免费认证	基础费用300元/年
营销价值	打造个人IP	品牌形象推广

（4）新用户注册

新用户注册支持邮箱注册、手机注册。

① 邮箱注册。用户按提示要求输入邮箱地址，设置密码、昵称，填写相应个人资料即可。注册微博后需要激活操作，用户可以点击网页顶部的"立即激活"按钮进入注册邮箱，点击邮箱中的激活链接完成操作。如果未收到激活链接或链接已过期，可点击"重新发送确认邮件"按钮，获取链接进行激活。超过30天未激活邮箱的用户无法正常使用微博。

② 手机注册，用户输入手机号码、设置密码、昵称及个人资料后，填写的手机号码会接收到验证码，输入验证码后即可成功注册。

对于长时间未登录微博的账号，官方将定期清理并释放昵称。所以，用户注册了微博以后应保持账号活跃度，避免因长期不更新导致账号被回收。

2. 微博页面装修

微博页面装修包括昵称、个性域名、头像、简介、背景图和封面图、个人标签设置、开通微博会员等。图5-5所示为账号信息设置页面示意图。

图 5-5　账号信息设置页面示意图

（1）昵称：打造个人标识

从营销的角度来说，一个好的微博昵称可以第一时间占领用户心智，更容易让用户形成记忆。

（2）个性域名：开通快速入口

运营者可以设置一个自己的个性域名，方便用户快速进入账号主页，让用户更容易记住自己的微博地址。

（3）头像：加深用户印象

在微博账号信息的设置过程中，头像需要清晰而有特色。头像设置的原则是要么真实，要么有个性。运营者设置头像时一定要确保其大、中、小三种呈现方式都足够清晰。

微博头像对企业、政府机构和高校来说也非常重要，运营者使用官方统一标志作为账号头像较为适宜。

（4）简介：强调关键信息

简介是用户了解该微博账号相关信息的关键，因此简介要简明扼要、有个性化色彩，并能通过几句话展示出该账号的关键信息。

（5）背景图和封面图：免费的展示位

以 PC 端微博为例，用户将鼠标指针移至某个微博账号的头像上，就会显示该账号主页的整个封面图样式等。微博账号主页的封面图和背景图是用户进入该微博账号主页的主视觉元素。将封面图和背景图作为账号的广告展示位来使用，是个人和企业等账号运营者进行宣传和营销的有效方式。因此，运营者需要重视封面图和背景图的选择和设计。

（6）个人标签：展示特长兴趣

运营者在设置账号信息时，可以对个人标签信息进行设置。可以根据运营者自身兴趣特长、账号设定的特点或相关领域描述等来选择和展示个人标签，这样也方便其他用户找到该账号。

每个账号最多可以设置 10 个个人标签。个人账号和官方账号的运营者在选择个人标签时的侧重点略有不同。

个人账号的运营者在选择个人标签时要考虑运营者个人擅长的领域、性格特征、专业属性、兴趣爱好、所在地或想要强调的地理位置等。运营者也可以有意识地根据账号的定位进行选择。

官方账号的运营者在选择个人标签时需要考虑的因素比较多，如标签与品牌名或企业名的匹配度，标签是否体现品牌特点（产品特点、品牌形象特点、定位特点等），以及搜索可见性、品牌所属行业、品牌广告关键词、品牌代言人、品牌文化关键词、品牌近期活动关键词、热门产品型号等。

无论是哪种类型的微博账号，运营者在设置个人标签时都要遵循文字表达精准、用词常见、通俗易懂的原则。

（7）微博会员：定制个性装扮

用户开通微博会员后，可以享受个性皮肤、个性封面等权益。

三、参与话题提升账号热度

打开 PC 端微博首页，单击页面上方菜单栏的"推荐"选项，即可跳转至推荐页。推荐页以热门微博内容信息流为主，页面上方为系统设定的几大热门微博分类，如"搞笑""社会""科技"等，用户也可以通过页面上方浏览更详细的热门微博分类。推荐页的默认内容即热门的微博内容。用户单击界面左侧菜单栏的"热门榜单"选项，即可进入微博热门话题榜单。

打开移动端微博首页，点击页面下方菜单栏中间的"发现"选项，进入发现页，在发现页的上方，用户可以看到"微博热搜"的相关内容，继续点击"微博热搜"下方的"更多热搜"选项，即可进入"微博热搜"页面。

无论是通过 PC 端热搜榜单，还是通过移动端的微博热搜榜，运营者都可以查看最新的时事热点及微博平台用户实时讨论热度最高的事件。微博热搜榜每分钟更新一次，榜单顺序是按照每小时内的搜索量进行排列的。图 5-6 所示为微博热搜榜示意图。

图 5-6　微博热搜榜示意图

课堂讨论

企业微博账号怎样才能更有用户亲和力，而不是变成发布硬广告的账号？

任务三　微博"带货"模式分析

微博作为一个社交媒体平台，为博主、企业和品牌提供了多种"带货"模式，以支持他们在平台上进行内容生产和变现。以下是一些具体的"带货"模式。

一、发布导购博文进行"种草"

"种草"是指分享、推荐某一产品，以激发他人购买欲望的行为，或自己根据外界信息，对某事物产生体验或拥有的欲望的过程，也指把一样事物分享推荐给另一个人，让另一个人喜欢该事物的行为。

"种草"营销对品牌来说，可以更加直接地反映产品的销售效果，缩短品牌或产品的营销宣传周期，减少营业费用；对消费者来说，可帮助无法体验产品的消费者获取产品的各项有用信息。

消费者在电视上看到产品的广告，可能要等到在线下逛街的时候才买。而现在，消费者在微博被"种草"某件产品后，就可以直接打开电商平台购买该产品。图 5-7 所示为平台购买链接示意图。

图 5-7　平台购买链接示意图

由于消费路径的改变，营销效果已经不再有滞后性，品牌建设和营销效果转化已经有机结合。特别是决策难度低、购买频次高的产品，例如衣服、零食、彩妆等，转化速度通常较快。

在传播过程中，一般是某微博"种草达人"率先发声，通过原创图文内容，曝光产品，引发"粉丝"关注，众多微博流量"达人"持续发声，深挖产品特性，通过转发原创图文，激发"粉丝"强烈兴趣。紧接着，某快手"达人"通过抛出用户遇到的痛点问题，引出产品的突出优势，并以产品试用展示和口播促销的方式，提升品牌口碑，拉升产品销量。最后，由某抖音"达人"进行深度"种草"，微博"达人"继续发布内容，引发长尾效应，带动产品销量。

微博鼓励博主发布第三方电商平台商品导购博文，但需要购买"粉丝加热包"产品以实现博文的有效传播。如果未购买该加热包，博文仅在个人主页展示，难以通过信息流更新被"粉丝"发现。这种模式要求博主、企业和品牌根据需求购买流量，以促进博文的传播和产品的销售。

二、参与电商闭环产品"带货"

2013 年 4 月 29 日，阿里巴巴通过其全资子公司购入新浪微博公司发行的优先股与普通股，这一行为成为电商生态体系与在线社交网络整合的标志，新浪微博淘宝版上线。新浪微博与淘宝账户绑定，实现了微博与淘宝的互联互通。用户在淘宝网上点击操作分享按钮的相关产品，可以同步到新浪微博进行展示。

电商与社交账号整合的优势如下。

1. 两个平台账号的打通和电商官微服务

微博与电商平台实现账户互通后，微博用户在看到各自喜欢的产品后，只需轻轻点击即可迅速进入平台进行购买，随后进行付款操作即可。一部分人或许会将购物心得分享到微博中。消费者可以自由切换分享和购买产品，而企业和品牌可以掌控后台数据，可以在微博上和消费者进行更多的沟通。

2. 实现更好的产品分享和用户体验

对于发布微博电商闭环产品导购博文的博主，微博提供了特殊扶持，以鼓励用户参与闭环产品"带货"。参与此类"带货"的博主可以享受高佣金、资源补贴等多重福利，这有助于激励博主推广这些产品，同时也为消费者提供了更多的优惠和选择。此时产品在微博会以富媒体形式呈现，并且有一定的交互性，以及基于"喜欢""赞"等社交互动方法的全新呈现。

3. 上线更多企业和品牌营销功能

由于微博的用户数量非常多，因此信息传播的速度也非常快。企业和品牌如果通过微博进行客户互动，不仅可以在短时间内将信息传达给非常多的用户，还可以举办很多互动活动，增加与用户之间的互动性，提升用户黏性。通过微博与用户进行互动的方法较多，常见的有转发抽奖、晒图有奖和分享有奖等。

（1）转发抽奖

企业和品牌通过微博发布店铺、产品或活动信息后，可以通过转发抽奖的方式来刺激"粉丝"参与转发。转发抽奖是指通过店铺的官方微博与"粉丝"进行互动，从转发当前微博的"粉丝"中抽取一名或几名用户赠送奖品。转发抽奖是一种非常常见的推广方式，不仅可以将店铺或活动推广至"粉丝"的"粉丝"，扩大影响范围，还可累积更多的"粉丝"，吸引更多的关注。

转发抽奖一般是以"关注＋转发"的形式实现。除了单独进行转发抽奖，还可以与其他知名微博博主合作进行转发抽奖，通过双方"粉丝"进行互动营销，扩大影响范围。

（2）晒图有奖

晒图有奖是通过店铺官方微博策划和组织的一种活动形式，邀请买家以上传商品图片并＠官方微博的方式参与到活动中，官方再对参加活动的买家图片进行评选或投票，选出人气最高的图片，并为相应买家颁发相应的奖品。晒图有奖可以使买家体会到购买商品后的参与感，既可以宣传产品，又能培养买家忠诚度，是一种非常有效的微博互动方式。

（3）分享有奖

为了鼓励用户主动帮助店铺进行宣传，企业和品牌可以设置微博分享奖励，让购买了商品的客户主动晒出自己的商品，并分享给周围朋友。对客户的这种分享行为，卖家可以给予物质奖励。

三、私域流量转化

1. 公域、私域流量特点

私域流量是相对于公域流量的一种说法，其中"私"是个人的、私人的、自己的意思，与公域流量的公开性相反；"域"是指范围，即传播区域到底有多大；"流量"则是指具体的数量，如用户访问量。接下来解读公域流量和私域流量。

（1）公域流量

公域流量的渠道非常多，包括各种门户网站、App和新媒体平台。

从上面的数据可以看到，这些平台都拥有亿级流量，并且通过流量来销售产品。它们的流量有一个共同特点，即都属于平台，都是公域流量。商家或者个人在入驻平台后，可以通过各种免费或付费方式提升自己的热度排名，推广自己的产品，从而在平台上获得用户和成交量。

我们想要在公域流量平台获得流量，就必须要熟悉这些平台的运营规则和具体特点。

对于企业来说，这些公域流量平台最终都是需要付费的，而对于那些有过成交记录的老客来说，就可以用私域流量进行二次转化，这也是大家都在积极将公域流量转化为私域流量的原因。

（2）私域流量

私域流量目前还没有统一的定义，但有一些特点，如图 5-8 所示。

例如，对微博来说，上到热门头条后被更多用户看到，这就是公域流量；而通过自己的动态页面，让粉丝看到微博内容，这就是私域流量。

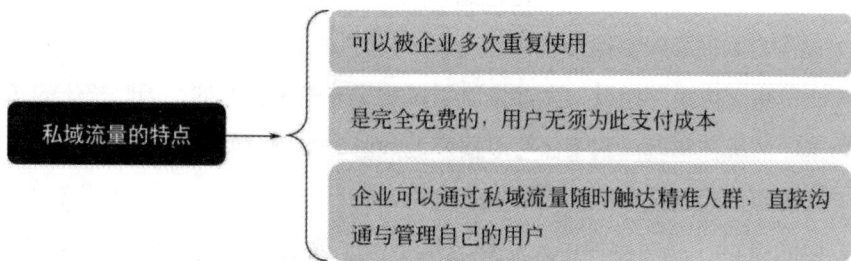

私域流量的特点

- 可以被企业多次重复使用
- 是完全免费的，用户无须为此支付成本
- 企业可以通过私域流量随时触达精准人群，直接沟通与管理自己的用户

图 5-8　私域流量的特点

相对于公域流量来说，私域流量是一种弥补其缺陷的重要方式，很多平台还处于红利期，可以帮助企业和自媒体人补足短板。

打造私域流量池，就等于有了"个人资产"，这样的流量具有更强的转化优势，同时也有更多的变现可能。

2. 私域流量模式的商业价值

（1）让营销成本直线降低

以往即使商家在公域流量平台通过付费推广获得流量，也不能直接和用户形成强关系。用户在各种平台推广场景下购买完产品后，又会再次回归平台，这些流量始终掌握在平台手中。

其实，这些付费推广获得的用户都是非常精准的流量。商家可以通过用户购买后留下的个人信息，如地址和电话号码等，再次与用户接触，甚至可以通过微信主动添加他们，或者将他们引导到自己的社群中，然后再通过一些老客维护活动来增加他们的复购率。

这些老客的社群就成了商家自己的私域流量池，商家可以通过朋友圈来增加彼此的信任感，有了信任就会有更多的成交量。这样，以后不管是推广新品，还是做清仓活动，这些社群就成了免费的流量渠道，不必再花钱进行付费推广了。

因此，只要我们的私域流量池足够大，是完全可以摆脱对平台公域流量的依赖的，这也让我们的营销推广成本大幅降低。

除了电商行业，对于实体店来说，道理也是相同的，商家可以通过微信扫码领取优惠券等方式，添加顾客的微信。这样，商家可以在以后做活动或者上新时，通过微信或者社群主动联系顾客，或者发朋友圈展示产品，增加产品的曝光量，获得更多的免费流量。

对用户个人而言，可以通过社群轻松与企业交流，通过有效的推荐机制，能迅速找到好的产品及众多实用资讯。

对企业而言，私域流量下的社群可以节省大量的推广费用，好的产品会引发社群用户的自发分享行为，形成裂变传播效应。同时，企业可以通过运营私域流量，与用户深入接触，更加了解用户的需求，打造更懂用户的产品。

（2）让投资回报率大幅提升

公域流量有点像大海捞针，大部分流量其实是非常不精准的，因此整体的转化率非常低。而这种情况在私域流量平台可以很好地规避，私域流量通常都是潜在用户，不仅获客成本非常低，而且这些平台的转化率极高。

结果显而易见，既然用户进入私域流量平台，他们必然比公域流量平台的用户有更大的消费意愿。因此，商家更容易与他们达成交易，私域流量的投资回报率自然也会更高。

只要产品足够优质，服务足够到位，这些老客户还会自愿成为推销员。因为他们乐于去分享好的东西，以证明自己独到的眼光。这样，商家就可以通过私域流量来扩大用户规模。

（3）避免已有的老客户流失

除了拉新（是指拉来新用户，最直接的指标是新增用户数），私域流量还能够有效避免已有老客户的流失，让老客户的黏性翻倍，快速提升老客复购率。在私域流量时代，不能仅仅依靠产品买卖来与用户产生交集，如果只做到了这一步，那么用户一旦发现品质更好的、价格更低的产品，会毫不留情地抛弃你的产品。因此，在产品之外，要与用户产生感情的羁绊，打造出强信任关系。

要想打响自身品牌、推销产品，就应该在运营私域流量时融入真情实感来感化用户，重视情感因素在营销中的地位。最重要的是，了解用户的情感需求，引起其共鸣，并不断加深用户对企业或产品的喜爱之情。

私域流量运营绝不是一次性的成交行为，要让用户在买完产品后，还会给产品点赞、参加一些后续的活动，来加深关系。这种情况下，即使对手有更好的价格，用户也不会轻易抛弃你，因为你和他之间是有感情关系的。甚至用户还会主动给你提一些有用的建议，来优化产品和营销模式。

（4）对塑造品牌价值有帮助

塑造品牌价值是指企业通过传递品牌价值来得到用户的认可和肯定，以达到维持稳定销量、获得良好口碑的目的。通常来说，塑造品牌价值需要企业倾注很大的心血，因为打响品牌不是一件容易的事情，市场上生产产品的企业和商家千千万万，能被用户记住和青睐的却只有那么几家。

品牌具有用户忠诚度的属性，可以让用户产生更多信任感。通过打造私域流量池，可以让品牌与用户获得更多接触和交流的机会，同时为品牌旗下的各种产品打造一个深入人心的形象，让用户愿意购买，成功打造爆品。

（5）激励客户重复购买

私域流量是属于个人的，和平台的关系不大。这就是为什么很多直播平台要去花大价钱来签"网红"主播，因为这些"网红"主播自带流量，直播平台可以通过与他们签约来吸收自身的私域流量。

对于这些"网红"来说，私域流量是可以跨平台和不断重复利用的，可以从中获取顾客终身价值。

3. 微博私域流量的转化

微博私域流量的转化主要包括以下几个方面。

（1）精准引流

热点话题引流。企业可以结合自身业务或品牌特点，参与相关的热门话题讨论，通过带上特定的话题标签，如"#美妆好物推荐#"等，借助微博热搜机制提升商品曝光率，吸引目标用户关注。

评论互动截流。企业可以在行业内有影响力的账号的评论区积极互动，精准找到潜在用户，然后通过私信发送专属福利，如优惠券、免费试用装等，引导用户关注自己的微博并进一步跳转至私域社群或其他私域平台。

"短视频＋直播"导流。企业可以制作吸引人的产品展示短视频或进行直播，在内容中嵌入"关注领券""进群抽奖"等钩子信息，引导用户添加微信客服或进入指定的私域渠道。

（2）内容建设

打造垂直内容矩阵。企业通过提供行业干货知识，树立专业权威形象，例如科技类企业账号可以分享"人工智能发展趋势"等内容。

开展互动玩法激活用户。企业可以通过举办UGC征集活动，如"我与[品牌名]

新
媒
体
运
营
（AIGC版 微课版）

的故事"摄影比赛，用户参与投稿可获得品牌周边，优质的 UGC 内容还可以进行二次传播。

进行 IP 化运营。企业塑造自有品牌形象，通过独特的风格和专业的内容输出，吸引目标用户的关注和信任，提高用户的复购率和忠诚度。

（3）私域转化

接入店铺工具。企业可以在微博图文或者直播间中接入微博店铺，使用丰富的营销工具，如拼团、红包、抽奖等，促进商品购买转化，并且开通微博店铺有助于更好地实现私域流量运营。

优化转化路径。企业通过简化购买流程，减少用户在下单过程中的阻碍，如提供清晰的购买指引、便捷的支付方式等，提高用户对商品的兴趣和购买意愿。

综上所述，微博的"带货"模式多样，既包括传统的发布导购博文和参与电商闭环商品"带货"，也涵盖了公域私域流量转化，同时还通过提供扶持政策和福利来激励博主和用户参与"带货"活动，从而形成一个活跃的电商生态圈。

课后思考与练习

任务情境

微博账号是很多企业官方发声的主要渠道，担负着建立企业良好形象的职能。"金苹果"是一家农产品销售公司，希望借助微博平台建立企业账号并进行运营活动，请同学们帮助"金苹果"公司分析微博平台企业账号所需要关注的内容都有哪些？

实施要求

为该企业梳理微博企业账号的关注点。

实施步骤

请同学们根据本项目所讲授内容列出微博官方账号所需要关注的内容与原因，并填写表 5-2。

表 5-2　微博账号需要关注的内容与原因

企业微博关注内容	原因

续表

企业微博关注内容	原因

PART 06

项目六
小红书运营实战

项目导读

　　小红书是主要通过文字、图片、视频笔记的方式分享生活内容的社区，同时也具备商品推荐和购物功能。小红书通过机器学习对海量信息和用户进行精准、高效匹配。平台会根据用户的兴趣和喜好，推荐相关的商品和品牌，用户也可以直接在平台上购买商品，是年轻人的生活方式平台与消费决策入口。《千瓜 2025"兴趣生活"数据洞察报告（小红书平台）》显示，小红书平台拥有 3 亿月活用户，其中 18 ～ 34 岁年龄段用户占比接近 80%，内容覆盖时尚、个护、彩妆、美食、旅行、娱乐、读书、健身、母婴等各个领域。

知识目标

| 熟悉小红书账号的运营技巧。
| 掌握打造小红书爆款笔记的方法。

能力目标

| 具备分析小红书平台用户画像和推荐机制的能力。
| 具备搭建并运营小红书账号的能力。

素养目标

| 培养学生精益求精的专业精神，激励学生追求卓越与创新并重的职业素养。
| 强化学生在新媒体运营中的版权意识，了解相关法律法规，确保运营活动合法合规。

任务一　小红书平台的发展历程及平台特点

　　小红书是一个生活方式平台和消费决策入口。虽然小红书最初的切入点是海外购物，但小红书一直都在往生活方式的社区的方向发展，这背后的大趋势是我国城镇化水平不断提高，人们的生活水平和消费水平提高，审美意识不断增强。而恰好小红书的内容核心是人，只要有人，就会有方方面面的需求。小红书的用户价值拓圈，正是从买得更好（全世界的好东西）开始，到变得更美（全世界的好生活），再到活得更好（标记我的生活）。

一、小红书的发展历程

　　小红书创立于 2013 年 6 月，运营方为行吟信息科技（上海）有限公司及其关联公司。前身为旅游购物攻略聚合平台，作为中国购物者的在线导游，供用户评论产品并在社区分享他们的购物体验。同年 12 月，小红书推出海外购物分享社区。图 6-1 所示为小红书 1.0 版本：香港购物指南。

图 6-1　小红书 1.0 版本：香港购物指南

　　2014 年 8 月，小红书安卓（Android）系统版本上线；11 月，小红书完成纪源资本（GGV Capital）领投的千万美元级 B 轮融资；12 月，小红书正式上线电商平台"福利社"，从社区升级电商，完成商业闭环；小红书发布全球大赏，获奖榜单被日韩免税店及海外商家广泛使用，成为出境购物的风向标。

2015 年 1 月，小红书自营保税仓正式投入运营；5 月，小红书与澳大利亚保健品品牌澳佳宝（Blackmores）达成战略合作；零广告下，小红书福利社在半年时间内销售额破 2 亿元；6 月，小红书深圳自营保税仓投入运营，保税仓面积在全国跨境电商中排名第二；6 月 6 日周年庆期间，小红书 App 登上了苹果应用商店总榜第四，生活类榜第二的位置，首日 24 小时的销售额就超过了 5 月份整月的销售额，用户数达到 1 500 万。

2016 年 1 月，腾讯应用宝正式发布 2015 "星 App 全民榜"，小红书摘得时尚购物类年度最具突破应用殊荣；同年，小红书拓展了第三方平台和品牌商家，全品类存货单位（Stock Keeping Unit，SKU）快速成长，逐渐成长为都市职场女性生活方式分享社区。

2017 年 5 月，Redelivery 国际物流系统正式上线，支持查询完整的国际物流链路信息，用户可以在上面查到自己购买的商品经哪一班飞机到国内；6 月，小红书第三个"66 周年庆大促"开卖 2 小时即突破 1 亿元销售额，在苹果应用商品购物类软件下载排名第一，小红书用户数突破 5 000 万。

2018 年 5 月，小红书发布内部信息，宣布完成超过 3 亿美元财务融资，公司估值超过 30 亿美元；6 月，小红书第一家线下零售店 REDhome 在上海开业；10 月，小红书用户数突破 1.5 亿；小红书第二家线下体验店在上海中信泰富万达广场开业；11 月，小红书参加首届中国国际进口博览会，作为上海交易团成员之一，与全球品牌共同探索年轻市场的机会点和新方式。

2019 年 1 月，小红书用户数突破 2 亿；7 月，小红书用户数超过 3 亿；截至 2019 年 10 月，小红书月活跃用户数已经过亿，其中 70% 新增用户是 90 后；11 月，小红书宣布推出创作者 123 计划，将推出品牌合作平台、好物推荐平台和互动直播平台，从创作者中心、活动和产品三方面帮助创作者。

2020 年 1 月，小红书创作者中心正式上线，"粉丝"量超过 5 000、在过去 6 个月发布过 10 篇及以上自然阅读量超过 2 000 的笔记且无违规行为的用户，都可以在 App 内申请创作者中心使用权限；同年 1 月上线直播"带货"功能；8 月上线视频号功能。

2021 年 4 月，小红书《社区公约》上线，从分享、互动两个方向对用户的社区行为规范作出规定，要求博主在分享和创作过程中如果收到商家提供的赞助或便利，应主动声明利益相关。在声明利益相关前提下，由用户自行判断是否被"种草"；11 月，小红书完成新一轮 5 亿美元融资，投后估值高达 200 亿美元。

2022 年小红书商业生态大会公布的数据显示，小红书月活跃用户超过 2 亿，72%

的用户为 90 后，一、二线城市用户占 50%，活跃分享者超过 4 300 万。随着内容的多元化发展，男性用户比例升至 30%。图 6-2 所示为小红书 7.71 版本：官网展示截图。

图 6-2　小红书 7.71 版本：官网展示截图

二、从产品"种草"到生活方式分享

基于真诚分享、积极向上的社区氛围，小红书对用户展现出了越来越强的吸引力。品牌、博主们所生产的优质内容，在用户的选择下，成为社区生态整体的一部分，正是这样的正向循环过程，让小红书形成了"种草"机心智。如今的小红书，已经成为用户生活方式分享平台。

1. "种草"效率高

小红书平台以"种草"著称，主要是源于小红书较高的"种草"效率和转化能力，以及较强的品牌建设能力。

千瓜数据相关报告指出，与传统平台 AISAS[注意（Attention）、兴趣（Interest）、搜索（Search）、行动（Action）、分享（Share）] 整合营销模型不同，小红书通过"种草"（Consideration）整合了注意、兴趣、搜索、购买、分享，统称为 CAS["种草"（Consideration），购买（Action），分享（Share）] 模型，这是小红书的一大特色。CAS 模型大大缩短了用户从注意到行动转化的路径，这也是小红书的投放效率较高的原因之一。

与此同时，小红书还是一个强搜索心智的平台。据 2021 年 11 月官方的数据显示，用户的行为有 70% 是从发现页开始浏览，另外 30% 的用户直接进入深度搜索。2022 年 10 月小红书官方消息称，平台的搜索行为占据约 60%，逛一逛的推荐部分占据约 40%。据 2025 年小红书官方的数据显示，用户主动搜索行为占比 90%。

进行深度搜索的用户，很可能是极具购买意愿的用户。如果品牌商家在小红书内相关搜索结果页做好了笔记和广告铺垫，既能进行品牌建设和品牌曝光，又能实现高效转化。

小红书采取的去中心化的推荐流量分发方式与千人千面的内容标签匹配算法，对长尾博主比较友好。小红书"重内容、轻达人"，不管"粉丝"量多与少，博主只要能写出高互动的优质内容，就可以在小红书获得更多的流量。因此，跟其他平台不同的是，小红书的素人、长尾博主和关键意见消费者（Key Opinion Consumer，KOC）也有大量的商业合作机会。这大大地激励了普通人和尾部、腰部博主持续地输出更多的优质内容。

因此，对新手博主来说，小红书是一个很不错的冷启动平台。对品牌商家来说，投放的可选择性也很高。大品牌可以高举高打，与明星和 KOL 合作。中小品牌也可以根据有限的预算，找到合适的合作博主。

另外，从创作者的结构来看，据 2022 年 3 月蒲公英后台统计与计算得出头部博主只占了约 3%，腰部及以下博主占据了约 97%，新人博主还有很大的机会。

小红书的用户更喜欢搜索，大量用户使用小红书有具体的目标（比如查看各种教程、"种草"），而不是闲逛娱乐。正是因为用户喜欢通过搜索消费内容，小红书笔记内容的长尾效应明显，小红书爆款笔记的点赞量是相对缓慢地不断爬升，内容的生命周期非常长。一个受欢迎的内容能够连续高频被赞一个月，再低频被赞半年。这对品牌商家而言非常有价值，发现并选择用户爱搜的关键词，就更容易在关键词搜索结果这个渠道获得持续的曝光，投放也更加长效。

2. 内容泛化

小红书最重要的社区心智就是有用。小红书在做品类拓展时会结合社区和用户属性进行思考，比如 2020 年全网最全的《动物森友会》攻略就在小红书。再比如露营作为 2021 年小红书新兴起的品类，就连炉具等各类设备在小红书上都有了很专业的评测内容。

以露营品类为例，如果是信息流平台做运营，比较容易切入的运营角度是找 KOL 去做场露营直播，做露营视频日志（video blog，vlog），往大众消费内容方向去做。但在小红书上看到的露营内容是更偏实操和决策参考的内容。小红书坚定的方向就是回到人和内容生态本身。

当用户遇到一个重要的时间节点，或者他们的人生阶段发生改变的时候，很多用户会想要来小红书搜一搜。场景方面，比如旅游、结婚生子、买房装修；决策方面，比如求职、考研、深造。用户的搜索行为反过来又给小红书平台提供了数据。

内容品类的泛化其实是生活方式的升级，以前可能是吃好玩好，现在对好的定义可能是好玩的剧本杀、露营等，虽然可能内容体量上没有餐饮那么庞大，但是内容更细分、更垂类。

从消费决策方向慢慢泛化到生活消费，小红书接下来要往偏精神消费的领域发展。生活方式的升级不仅仅是消费，当社区用户逐渐变得多元以后，就会自然而然开始讨论精神和文化。首先，精神消费更高频。其次，其门槛更高。而且越往精神消费这个领域深挖，潜在内容创作者的范围和体量越小。不同平台对精神消费的投入度、预期和动机都会有很大差异。对小红书来说，刚好社区中有这类具备审美和表达能力的用户。

3. 生活方式分享

社交网络里面有个滑翔机理论，即产品的势能跟初始核心用户相关。社交网络或社交媒体的"起飞"也跟初始人群的高度和种子用户的密度非常相关。小红书成功抓住了城市里一群对精致生活有追求的年轻女性。这个用户群体在小红书上不断创作、互动、分享，让小红书变成了社交媒体里审美高级的代表。

因为小红书 UGC 的特殊性，用户在小红书能高效地看到可能对他们有用的内容。用户对社区建立的心智就是有用，社区里面也会有更多用户被有用的内容打动，进而也进行分享。小红书从海外购物攻略开始切入，到今天变成生活方式平台，做的是人的集合。生活方式的背后是人，有人才有生活方式。

三、小红书的用户画像

1. 全行业活跃用户人群洞察

基于千瓜《2024"活跃用户"研究报告》，全行业活跃用户人群洞察数据如下，部分数据已经做脱敏处理。

（1）性别分布

女性用户占比 72%；男性用户占比 28%。美食、旅行等中性化内容，以及数码、体育赛事等偏男性化内容快速发展，带来了男性用户的增长，男性用户同比增长 28%。

（2）核心用户年龄

95 后占用户总数的 85%；整体用户中，18 ～ 24 岁的用户占比 43%（核心用户）；25 ～ 34 岁的用户，占比 36%（核心用户）。

（3）用户地域分布

66%用户集中在一线及新一线城市，二线、三线城市用户增速显著（同比增长15%），北京、上海、广州、深圳、杭州、成都等城市消费力超全国均值1.8倍。

（4）行为特征

① 活跃时间：周三、周日为活跃高峰，20:00—23:00内容浏览量占全天浏览量的45%，"周末经济"催生户外机能风、露营等新趋势。

② 内容偏好：用户对实用性内容和情绪价值内容偏好明显。例如干货攻略和产品测评类内容占比超60%，治愈系生活分享互动率提升30%，"痛文化""疗愈经济"等新兴圈层崛起。

③ 搜索习惯：美妆教程、探店打卡、小众品牌等长尾关键词搜索量同比上涨60%，用户主动决策路径缩短至平均7天。

（5）圈层化趋势

平台形成"极简生活圈""露营爱好者圈""国潮文化圈"等超200个兴趣圈层。用户通过内容建立身份认同。例如，"痛包""痛车"等二次元周边互动量暴涨350%，"非遗手作"笔记单篇点赞超76万次。

2. 细分行业人群洞察

2022年千瓜活跃用户画像趋势报告显示，小红书细分行业人群洞察数据如下。

（1）美食用户人群重点标签：平价吃货

在小红书平台美食行业下，用户人群标签前三名为"平价吃货""流行男女"和"品质吃货"，其中"平价吃货"的占比最高，为13.3%。此外，他们最关注的美食相关内容为"美食教程"，占比8.93%。图6-3所示为美食用户人群关注焦点分类，图6-4所示为美食用户人群标签前三名。

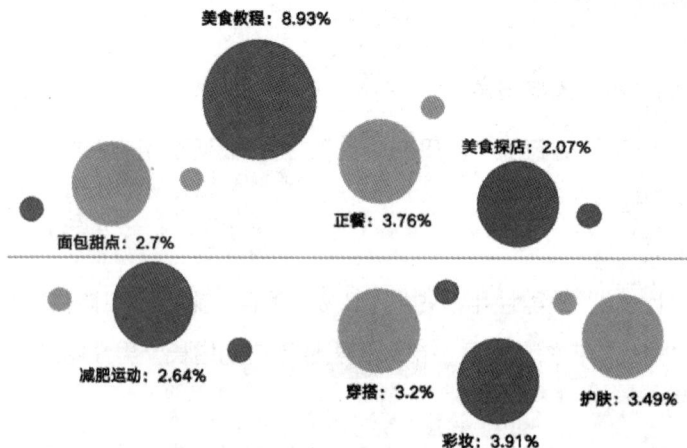

美食教程：8.93%
美食探店：2.07%
正餐：3.76%
面包甜点：2.7%
减肥运动：2.64%
穿搭：3.2%
彩妆：3.91%
护肤：3.49%

图6-3 美食用户人群关注焦点

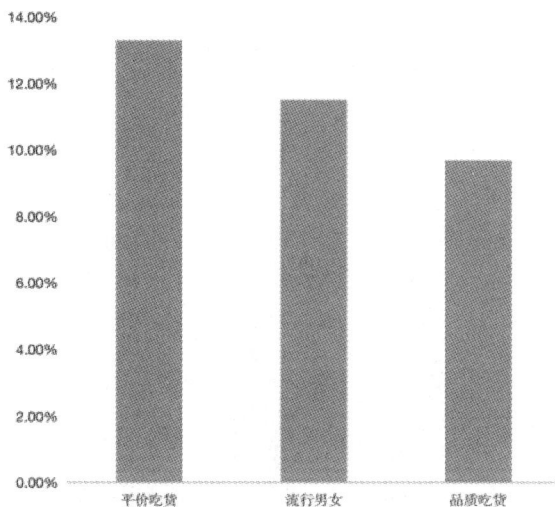

图 6-4 美食用户人群标签前三名

美食用户人群标签定义如下。

① 平价吃货是指年龄在 18 ～ 24 岁，对美食喜爱，比较关注平价但又美味的食物，以及美食制作方法等的用户。

② 流行男女是指无年龄限制，紧跟当下热门趋势，对穿搭、美妆、明星娱乐资讯等内容关注较多的用户。

③ 品质吃货是指年龄在 25 ～ 35 岁，热爱美食且有一定经济实力，对美食及美食相关事物（美食制作、景点、酒店等）较为关注的用户。

（2）母婴用户人群重点标签：新手宝妈

小红书内容对"新手宝妈"的意义较大，母婴用户人群期望在这里学习制作婴童食品、了解育儿经验。此外，母婴用户人群也关注美妆、美食和穿搭，爱孩子的同时也爱自己。图 6-5 所示为母婴用户人群关注焦点，图 6-6 所示为母婴用户人群标签前三名。

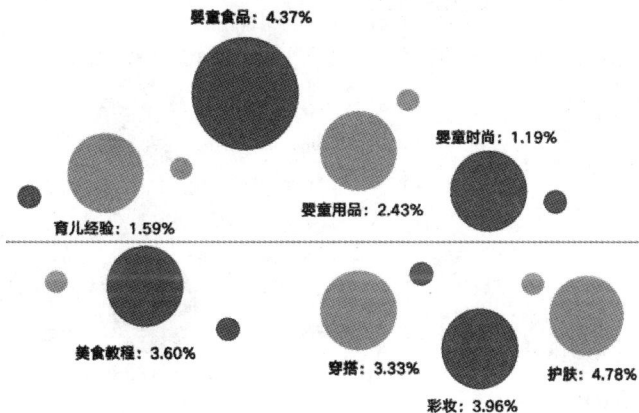

图 6-5 母婴用户人群关注焦点

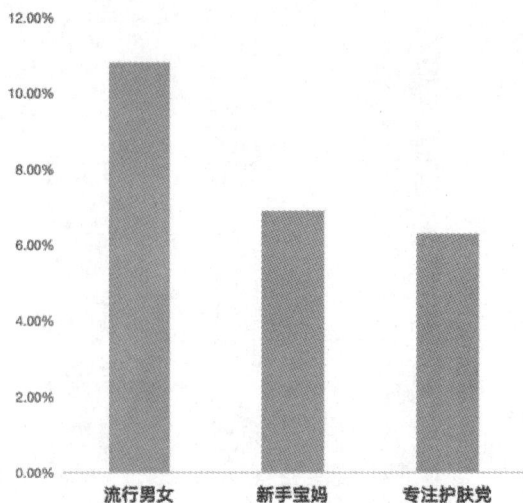

图 6-6　母婴用户人群标签前三名

母婴用户人群标签定义如下。

新手宝妈是指年龄在 23 ～ 30 岁，注重产品健康与安全，对于婴童饮食方面比较上心的用户。

专注护肤党是指年龄在 20 ～ 35 岁，爱美、爱护肤，对护肤成分及产品等较为关注的用户。

（3）家居用户人群重点标签：爱家控

在小红书平台的家居行业下，用户人群标签第一名为"爱家控"，占比 17.13%。关注焦点主要为装修，占比 8%。此外，家居用户人群也关注美食教程、护肤和彩妆。图 6-7 所示为家居用户人群关注焦点，图 6-8 所示为家居用户人群标签前三名。

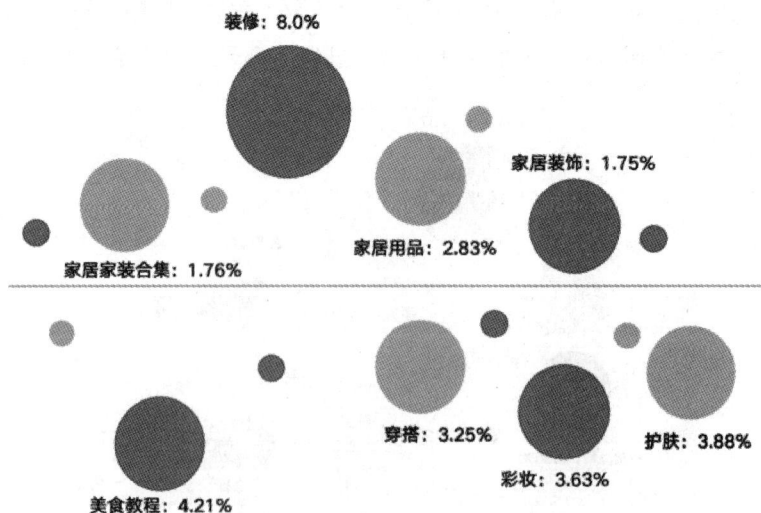

图 6-7　家居用户人群关注焦点

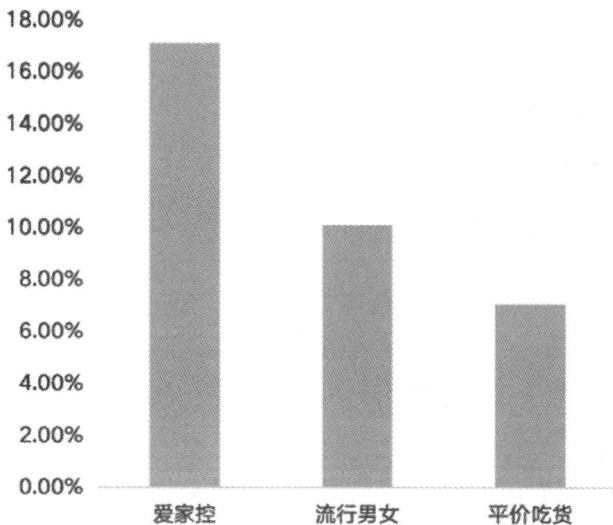

图 6-8　家居用户人群标签前三名

家居用户人群标签定义如下。"爱家控"是指年龄在 22 ～ 30 岁，热爱家庭，对家居家装、饮食、出行等内容更为关注的用户。

（4）服饰穿搭用户人群重点标签：流行男女

在小红书平台时尚行业下，用户人群标签第一名为"流行男女"，占比 19.06%。"流行男女"关注焦点主要集中在穿搭，占比 8.96%，此外，服饰穿搭用户人群也关注美妆、发型等时尚相关热门内容。图 6-9 所示为穿搭用户人群关注焦点，图 6-10 所示为穿搭用户人群标签前三名。

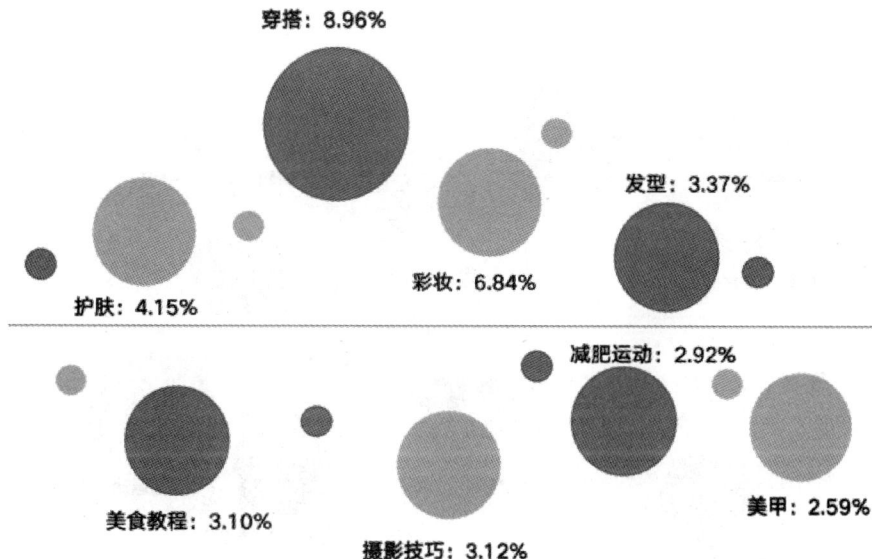

图 6-9　穿搭用户人群关注焦点

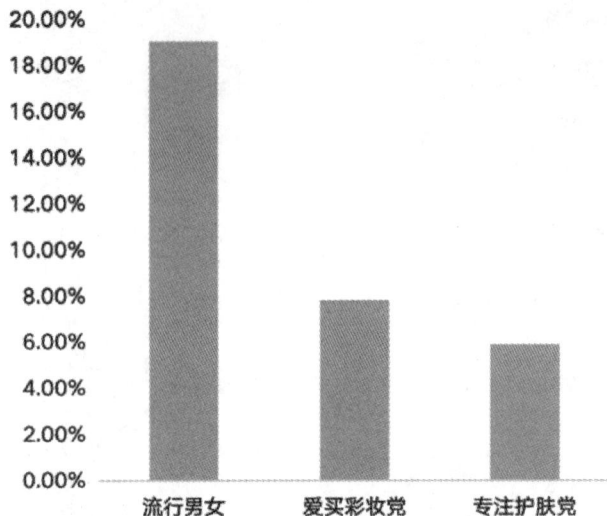

图 6-10　穿搭用户人群标签前三名

服饰穿搭用户人群标签定义如下。爱买彩妆党是指年龄在 18 ～ 30 岁，爱美、爱生活，除了关注精致的妆容、彩妆用品，也喜欢穿搭、发型、摄影等展现自己美的事物的用户。

（5）宠物用户人群重点标签：萌宠一族

在小红书平台宠物行业下，用户人群标签"萌宠一族"排名第四，占比为 7.01%。"猫"是宠物用户人群最关注的宠物，占比 4.11%，为宠物"狗"的 2.19 倍。宠物用户人群喜欢在小红书上浏览宠物相关的日常片段，此外还关注美食、彩妆和穿搭等内容。图 6-11 所示为宠物用户人群关注焦点，图 6-12 所示为宠物用户人群标签前四名。

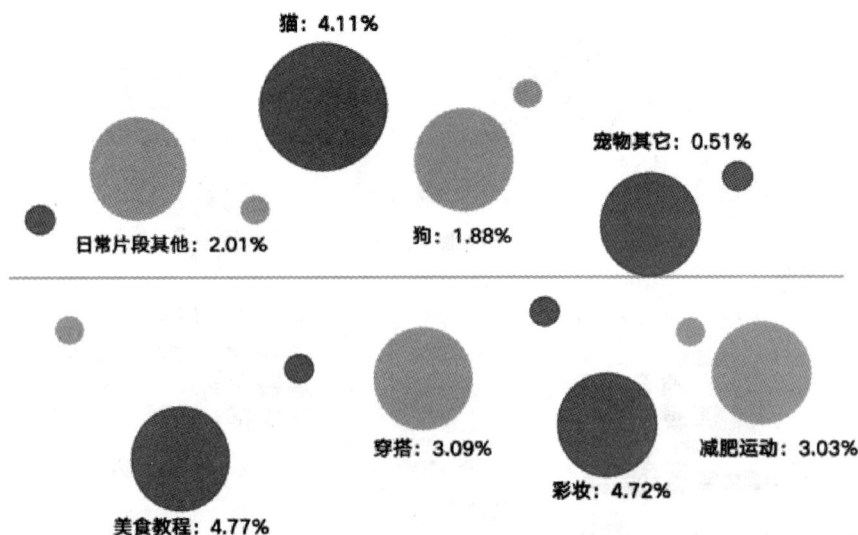

图 6-11　宠物用户人群关注焦点

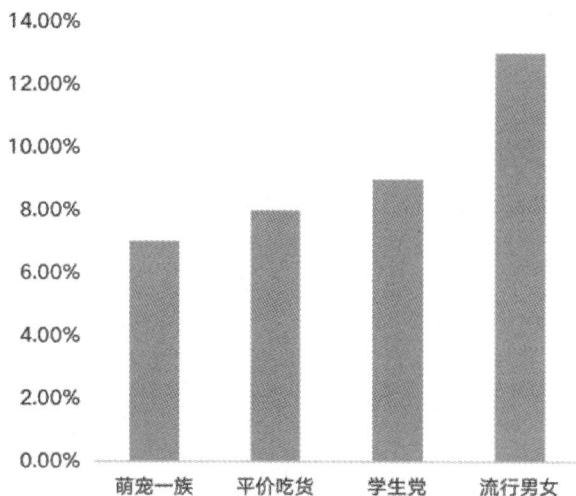

图 6-12　宠物用户人群标签前四名

宠物用户人群标签定义如下。

萌宠一族是指年龄在 25 ～ 35 岁，喜欢小动物，有一定经济能力，喜欢可爱的事物，对家居、宠物用品、饮食较为关注的用户。

（6）减肥健身用户人群重点标签：瘦身男女

在小红书平台减肥健身行业中，用户人群标签"瘦身男女"排名第二，占比为 9.64%。减肥健身用户人群追求健康运动，不盲目减肥。此外，减肥健身用户人群关注低热量美食的制作教程，也非常爱美。图 6-13 所示为减肥健身用户人群关注焦点，图 6-14 所示为减肥健身用户人群标签前三名。

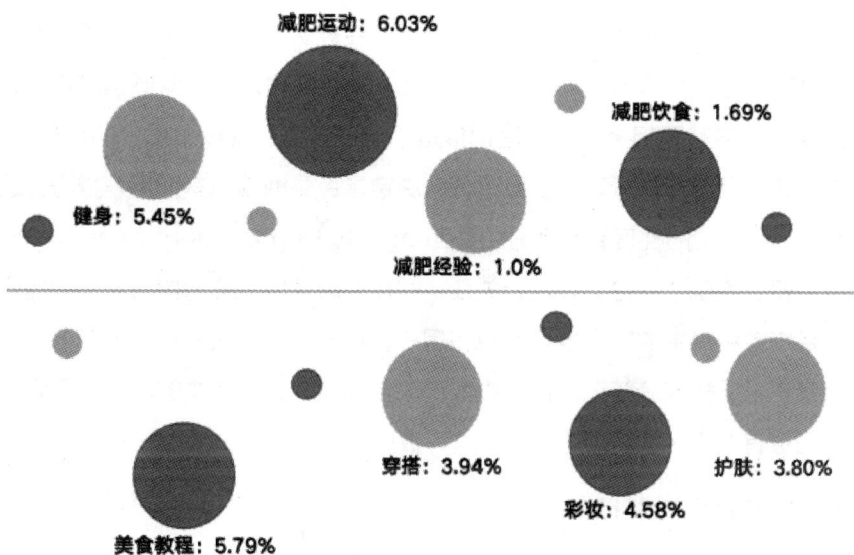

图 6-13　减肥健身用户人群关注焦点

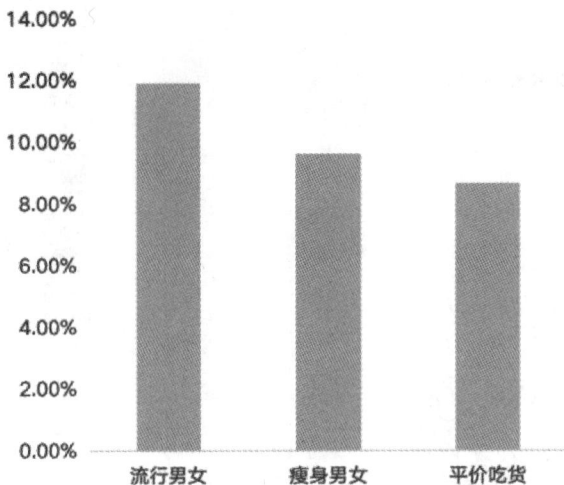

图 6-14　减肥健身用户人群标签前三名

减肥健身用户人群标签定义如下。瘦身男女是指年龄在 18 ～ 25 岁，对身材有一定要求，平时更为关注运动、健身、轻食，但也爱美，对穿搭等事物也会有所关注的用户。

拓展阅读

更多细分行业
人群洞察

四、小红书的推荐机制

小红书的推荐机制是针对用户不同的浏览习惯，以及对用户的兴趣进行算法分析，推荐相关内容。

小红书流量推荐规则有两个核心点：内容标签匹配、社交关系链推荐。

博主发布小红书笔记并带上话题后，笔记内容会被系统打上一系列标签，系统会将这些内容推荐给对这些标签感兴趣的用户。例如，如果平时用户喜欢阅读减肥文章，平台会向用户推荐更多减肥相关笔记。笔记推送给用户后，系统根据用户的点赞、收藏、评论、转发、关注等行为进行笔记质量评分，决定是否要继续向其他用户推送。这个评分系统被称为小红书内的社区参与评分（Community Engagement Score，CES）。

用户的点赞、收藏、评论、转发、关注，间接反映了博主笔记内容质量。内容质量高的笔记，系统会将博主的笔记推荐给更多用户，形成"阶梯法"算法推荐。小红书站内的搜索流量也将支持高分笔记。搜索类型的流量非常持久，博主的笔记可以在发布后的几年内，仍然有很好的点赞、评论、收藏等数据。

1. 小红书内容社区的特征

（1）首页是双列信息流

小红书的内容呈现采用双列信息流的形式，用户主动选择打开某笔记，就形成了点击率（点击量/曝光量）数据。点击率又是系统判定笔记内容质量的重要因素，因此笔记的首图变得十分重要。

笔记用什么样的首图点击率高呢？一种是图片好看、精致、优质，符合小红书主流用户审美取向；另一种是图片中有清楚的文字告诉用户笔记包含什么内容，最好是干货内容。对双列信息流的产品来说，让用户快速知道笔记内容是用户的刚需。

（2）用户通过搜索产生消费行为的比例高

和抖音、快手的用户相比，小红书的用户更喜欢搜索。用户使用小红书有具体的目标，比如查看各种教程、"种草"，而不仅是闲逛娱乐。

这对内容创作者的信号是发现并选择用户爱搜的关键词，就更容易在关键词搜索结果这个渠道获得持续的曝光。

由于用户喜欢通过搜索产生消费行为，因此小红书笔记内容的长尾效应很好。这个特征源于用户对小红书的认知和行为习惯，几乎不受算法调整和运营干预的影响，搜索行为带来的流量会长期存在。

2. 小红书的推荐机制方法

（1）机器算法推荐

当小红书获得用户越来越完整的数据后，会更倾向于根据用户的喜好推荐不同的内容，以此提升用户留存率。

（2）阅读延伸推荐

基于内容单元的相关度进行推送，同样是推送用户感兴趣的内容，延伸阅读，提升用户的留存率。

（3）基于好友关系的推荐

小红书首页有个"关注"的标签，会给用户推荐关注的博主、朋友更新的内容，利用社交关系留住用户。

（4）基于距离的附近推荐

小红书首页有个"附近"的标签，会给用户推荐距离 20 km 内的用户分享的内容。

（5）编辑推荐

小红书有自己的官方账号，会收录用户的优质笔记进行推荐。

（6）消息通知

利用机器算法，根据不同用户的不同需求，推送相关的内容与商城的优惠信息。

（7）搜索框

搜索框一般会放置小红书的主推话题，推广平台的专题内容，吸引用户参与创作。

优质笔记能够通过任何形式进行组织整合。用户看到优质笔记，会收藏到自己的专辑，而编辑也会把优质笔记收录到对应话题之中，或者由官方账号收录，推荐给更多用户。推荐之后，小红书也有一个冷启动系统，系统会观察最先推荐出去的"粉丝"用户是否与笔记产生互动（点赞、评论、转发）。如果有互动，那么笔记就会被持续推荐。

作为内容社区的小红书，最重要的还是内容本身。系统会考量博主发布的笔记的内容质量，如果笔记内容质量非常好，关注度却不高，但只要平台认可了笔记内容，那这篇笔记的排名依然可以很高。

3．小红书笔记的权重规则

当小红书的达人账号拥有一定数量的"粉丝"时，达人笔记将被推荐给"粉丝"。当"粉丝"喜欢笔记时，笔记会被"粉丝"和"粉丝"朋友进一步看到，从而产生裂变增长。小红书笔记权重规则有以下七点。

（1）原创性

首先，笔记的原创性很重要。无论是文字、图片还是视频，都不可以抄袭他人。小红书是一个分享生活的"种草"社区，不同的创意不仅可以增加笔记的权重，还可以使小红书社区内容更加丰富。

运营人员或博主写笔记的时候需要注意，有时候系统会把笔记的内容和图片做对比，有些内容可能会有重合的现象，建议把笔记内容尽可能写得充实、完整，这样重合率就会小很多。

（2）笔记内容是否违法

如果笔记内容被判定为非法或抄袭，其流量将受到小红书平台的限制，无法获得流量曝光。目前平台的审核是通过机器和人工进行的，因为有人工加入审核，运营人员或博主写的内容一定不能包含任何违规或敏感词。

运营人员或博主可以通过小红书敏感词专业查询网站"零克查词"，检查笔记内容中是否包含敏感词。

（3）互动率

互动率受点赞数、收藏数、转发数、评论数这四个因素影响。这四个因素的重要程度依次增加，也刚好对应用户操作行为的难易程度，用户操作成本依次增加。

（4）标签

合理使用小红书上的标签。在图片上标注标签可以增加笔记的权重，系统可以更好地判断内容笔记的分类，更精准地推荐给用户。

（5）话题

话题越热门，用户搜索和浏览的可能性就越大，许多用户喜欢阅读热门话题下方的内容。如果没有话题，笔记流量就会少一些。在发布的笔记中添加相应的话题可以增加笔记的权重，注意选择自己账号所属领域内容下方的话题，不要随意添加。

（6）关键词

关键词是笔记的重要组成部分。标题里面要加关键词，笔记内容里面也最好出现三次左右的关键词。笔记的内容和关键词之间关联性是很大的，与关键词关联性大的笔记内容会增加笔记的权重。但是注意不要在标题中堆砌关键词，不然会被误认为是"标题党"。

（7）文字字数

虽然文字字数不一定决定内容质量，但如果笔记字数非常少，一般内容质量不会很高，笔记字数最多限制为 1 000 字，建议写 400 ～ 600 字，并且内容应有一定的价值，才能得到系统给到的有关文字字数的权重。

4．小红书账号权重规则

除了内容本身，账号本身的权重也很重要。影响小红书账号权重规则有以下六点。

（1）垂直度

运营人员或博主写笔记时需要找到自己的内容定位，建立个人品牌，专注于一个领域输出有价值的内容，这样会增加账号的权重。若账号定位是穿衣搭配，则持续做这个内容，用户会认为博主很专业，是个时尚博主。基于垂直内容，系统会更精准地判断博主的账号定位，更精准地推送给用户。

（2）账号数据

小红书会统计博主整体账号的"粉丝"数、笔记数、收藏数、点赞数、评论数，并根据这些数据增加博主的账号权重。

（3）账号活跃度

如果博主想被平台识别为真人活跃账号，在逛小红书的时候可以适当给其他博主点赞和评论。如果博主不怎么浏览其他博主的笔记，只自己发笔记，容易被小红书系统视为营销号或机器人。因此，运营人员或博主需要适当地与其他博主互动，增加账号的活跃度以增加权重。

（4）账号级别

账号的等级至关重要，博主的账号等级越高，账号权重越高。

（5）是否是品牌合作伙伴

品牌对账号的认可度也影响账号权重，品牌认可度越高，账号权重越高，笔记商业价值则越大。

（6）与 MCN 公司是否有合作

一般大 MCN 公司扶持账号会为账号带来更高的流量和曝光，所以账号是否挂靠 MCN 机构，一定程度上也影响账号权重，但是其影响相对较小。

任务二　小红书账号的运营

一、账号的搭建与人设定位

以"种草经济"出名的小红书，已经逐渐成为很多用户心中的消费决策平台，遇到各种类型的问题愿意在小红书上搜索并寻找答案。随着小红书博主类型和笔记种类的增多，小红书自身的商业价值也不容小觑，各行各业的运营者开始布局小红书。那么作为新手博主，如何才能在小红书上快速起号，晋升为专业博主呢？

1. 账号搭建

新账号搭建的必经之路就是完善账号信息，装修账号首页，完善账号五要素，也就是名字、头像、背景图、简介、标签，如图6-15所示。

图6-15　小红书账号五要素

如果想要通过小红书实现引流、"增粉"、变现等目的，那么账号信息就相当于用户认识账号的一张名片，设置账号时有效传递信息更有利于用户认识到账号的价值所在。

（1）账号名字

一个好的小红书账号名字，一般满足两点。一是具有真实性，从名字可以简单地判断出账号作者为真实小红书用户，而不是某营销公司或组织。二是简单、朗朗上口，容易被记住。特别注意不要为了独特性，刻意使用生僻字或者难懂的英语单词。因为很难被搜索到，用户也很难记住。简单又好记的名字，不仅能加深用户印象，还方便用户搜索。

小红书账号名字需要体现出"我是谁？我是做什么的？"，总结为以下四个形式。

① "名字 / 昵称 + 内容细分领域"，例如"XX 聊运营""吃货小赵""周周爱旅行"等。

② "形容词 + 名字 / 昵称"，例如"努力考证的团团"。

③ "名字 / 昵称 + 英文"，尽量使用常见的英文单词，方便记忆。例如"鸭蛋 EGG"。

④ 直接定语或者短句，例如"你的康康""我是寒寒"。

（2）头像设置

头像是用户最先看到的部分。对于打造个人 IP 的账号，可以选择 IP 本身的照片作为头像。

头像要有真实感，可以是真人照片，要挑选质量高，能体现人设的照片。头像确定之后不要随意更换。如果不是宠物博主，建议不要选择宠物照片作为头像。头像还应该避免使用风景照、卡通图案，以及侵权照片，比如摄影或设计作品。头像中不能有其他平台水印或者联系方式。

（3）个人简介

个人简介是页面中曝光量最高的部分，它能说明账号的具体详情，同时体现差异化价值。用户从这里了解账号擅长的领域，决定是否关注该账号。

小红书的简介限制在 100 字之内，在这 100 个字里面通常包括我是谁、我是做什么的、我有哪些经验或优势、我可以提供什么价值等信息。

一个好的个人简介需要具备以下几点。

① 字数不要太多，行数控制在 3 ~ 5 行比较好，大约 30 ~ 50 个字。

② 避免频繁修改，频繁修改可能会影响账号权重，从而影响笔记的曝光量。

③ 个人简介公式示意如图 6-16 所示。第一行写成就、头衔、特点。第二行写"垂类 1| 垂类 2| 垂类 3……"。第三行写能够引起用户共情的文案。简介中还可以插入表情符号来突出账号简介话术，突出层次，避免内容的单调乏味。

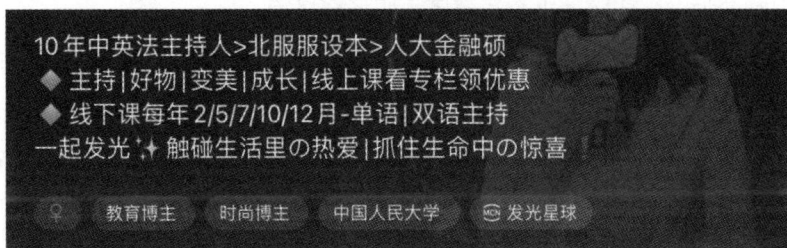

图 6-16 个人简介公式示意

（4）背景图设置

小红书账号的背景图是账号重要的视觉展示位置，例如美食博主可以用食物图片，宠物博主可以用萌宠照片，教育博主可以用职业照等。

背景图是天然的广告位，可以通过设计背景图来补充简介里没有的内容。

（5）完善个人资料

在主页的"编辑资料"里面，可以对性别、生日、身份、地区、学校等信息进行完善，供博主选择性地展示在主页上。

另外需要注意的是头像、名字、个人简介、笔记内容的调性和风格需要统一，以避免出现笔记数据好，但"涨粉"差的情况。

2．人设定位

人设定位是指在社交媒体或其他在线平台上，明确自己的账号形象和内容方向，以便更好地吸引目标用户，提高影响力。通过人设定位，博主可以确定自己的目标用户、内容风格、品牌价值等，从而使自己的账号在众多账号中脱颖而出，吸引更多的关注和"粉丝"。在小红书中做好人设定位的方法如下。

（1）选赛道

在互联网语境中，"赛道"指某个行业未来发展的方向，细分"赛道"指领域的发展路径。小红书主要分为15个赛道，分别为美妆护肤、时尚穿搭、珠宝配饰、美食饮品、家居家装、母婴早教、健身减脂、萌宠动物、旅行住宿、教育/职场成长、心理情感、商业财经、艺术设计、科技数码、摄影拍摄。

想要从小红书的众多赛道中选择一个适合自己的赛道，可以参考以下四个原则。

① 选择个人擅长领域。做擅长的领域，更容易长期输出优质内容。这里要注意，兴趣不等于擅长。兴趣有时候只能说明对某个领域的喜好。而擅长某个领域，说明在这个领域有过人之处。所以博主在选择赛道时，擅长领域的优先级大于兴趣领域。

② 选垂直细分领域。当确定了赛道大方向，可以再进一步细分赛道。对于很多新手博主而言做细分领域的账号，则目标人群更精准，也更容易变现。比如选择的是穿搭领域，可以细分为微胖穿搭、小个子穿搭、职场穿搭等。

至于如何去找到一个领域的细分领域，一方面可以通过经验判断，另一方面则可以借助小红书搜索下拉框工具。

如图6-17所示，下拉框显示的词汇通常属于高频搜索词，可以从这里面提取有用的信息，来寻找和选择细分领域。

③ 选变现能力强的赛道。小红书上寻找变现能力强的赛道，首选是大众热门类目，比如穿搭、护肤、旅游、开箱、知识付费等。其次是根据精准人群选赛道，有时即使不是热门赛道，只要受众用户在小红书上很精准，账号变现能力同样很强。

图 6-17 小红书搜索下拉框

④ 选择平台扶持的方向。判断并选择平台主推的方向，借势出圈。比如 2022 年小红书扶持的知识付费类目，值得各个领域的专业人士选择并尝试。

（2）立人设

人设约等于信任，信任约等于转化。人设就是标签，目的是让推荐算法更容易识别，更容易被用户记住。

头像、名称、简介、封面被称为人设四件套，除此以外还包括账号内容所呈现的风格，是幽默、通俗易懂，还是理性客观。

（3）变现定位

小红书的变现方式如图 6-18 所示。

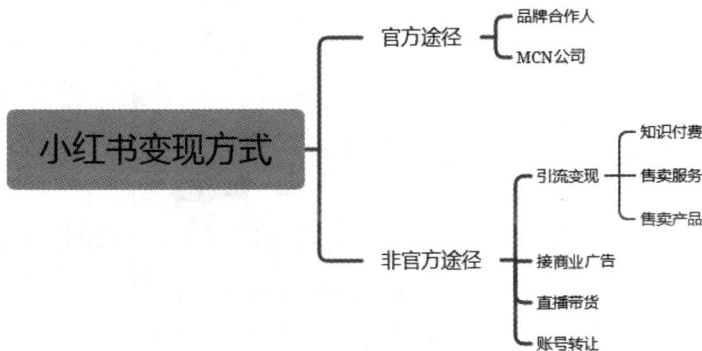

图 6-18 小红书变现方式

① 品牌合作人。想具有小红书官方认证的推广资格，成为品牌合作人，需要满足两个条件：一是个人认证；二是"粉丝"数 ≥ 5 000。非品牌合作人发布推广笔记，可能会出现账号违规限流、主页链接失效、所有笔记都无法搜索到、发布笔记没有阅读量的情况。

② MCN 公司。签约小红书官方邀请入驻的 MCN 公司，与公司建立类似艺人和经纪公司的关系。小红书给予入驻的 MCN 公司各类扶持，入驻公司旗下的账号会被优先推荐，每个月可获得大量官方的流量扶持。

③ 引流变现。将小红书公域流量转化为自己的私域流量，再通过售卖产品或服务变现，这是很大一部分博主选择的方式。这里需要注意一点，小红书会对恶意引流行为进行打击，博主应避免出现恶意引流行为。

④ 直播"带货"。博主通过直播的方式售卖产品变现。

⑤ 接商业广告。接商业广告需要对接商家，途径有第三方通告平台，如红通告（见图 6-19）、真香通告等，用微信小程序都可直接打开使用。此外，还可以添加一些通告群，商家会在里面发布广告通告。

图 6-19　红通告页面

⑥ 账号转证。博主可以通过转让账号所有权变现。

（4）找对标账号

对一个新手博主来说，需要寻找的对标账号应是数据比较好的，表现形式是自己可以做到的，而且不建议直接对标头部博主。

在小红书上博主可以通过关键词搜索、点击相关话题的方式快速查找账号，也可以去搜秀、千瓜等第三方数据平台查找同行对标账号。

找到对标账号后（至少 3 个），就可以从以下几个方面进行分析。

① 人设标签：头像、名称、简介。

② 内容标签：内容形式、选题、关键词。

③ 数据分析："粉丝"数、赞藏数、粉赞比、爆款率、更新频率及近期笔记数据。

④ 用户分析：查看"粉丝"账号、查看评论区互动。

⑤ 变现方式：广告、知识付费、"带货"等。

在分析中找到自身账号与对标账号的差异，再结合自己已有的资源去确定最终的表现形式。

定位是最关键的一步，博主可以多花一些时间去思考，一旦创作方向和变现方式都确定好，就围绕着自己的定位去创作。这样可以保证有清晰明确的目标。

二、打造爆款笔记的技巧

在视频内容主流化的大浪中，小红书凭借图文内容成为当下社交媒体中不可忽视的一个平台。小红书尤为突出的"种草"能力也使得品牌加大了在其上面的投放力度。

本小节将拆解小红书的平台、赛道、内容和运营法则。优质内容在一定的运营规律加持下，有机会成为优质、爆款笔记。

1. 平台法则："去中心化分发"，"小透明"也能被看见

提起小红书平台，很难联想到某一个领域的头部博主，这和微博、哔哩哔哩、抖音等平台截然不同。在这里，内容价值能够获得更大的释放，这得益于"去中心化"的分发模式。

在小红书上，许多"粉丝"个位数的账号，也有机会创造点赞过万的内容，所以非常有利于新人起步。类似的平台还有短视频平台快手，快手的单双类信息流能够同时照顾到新人创作者和已有一定"粉丝"积累的创作者，在公、私域信息之间获得平衡。

在小红书，有四个主要流量入口，即关注、发现、本地及搜索，如图 6-20 所示。

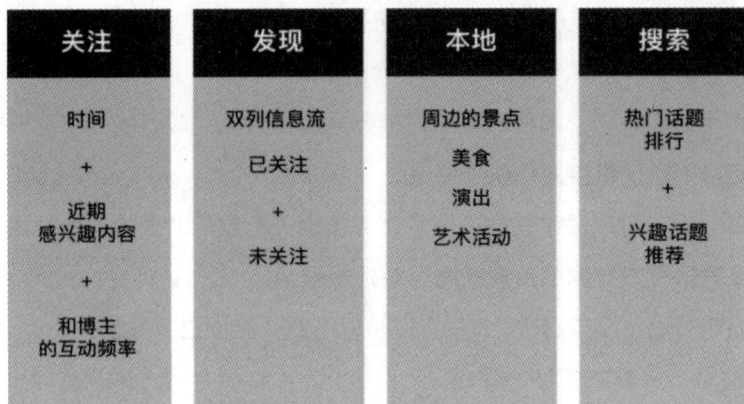

图6-20　小红书流量入口

（1）关注

在"关注"页面，会以信息流的方式呈现用户关注的博主的内容。信息流的排列顺序并不完全按照时间，而是由时间、近期感兴趣内容、和博主的互动频率三个因素共同决定。这里能够保证博主的私域触达，鼓励创作者提高内容产出质量和"粉丝"互动率。

（2）发现

"发现"是用户打开小红书后默认展示的页面，双列信息流中既有已关注博主发布的内容，也有未关注博主发布的内容。新人创作者的优秀内容将在这里和头部创作者的内容同台竞技。

（3）本地

"本地"是依据发布内容所在地域进行推荐的页面。这里更容易发现周边的景点、美食、演出、艺术活动等，是很好的信息获取窗口，在用户旅行的过程中这一入口就非常有效。

（4）搜索

用户点击小红书首页右上角的放大镜图标即可进入"搜索"页面，这里有热门话题排行、兴趣话题推荐，在有针对性地获取信息时用户会高频使用。这里也能够帮助创作者找到可以植入原创内容的检索关键词。

2. 赛道法则：超级赛道更容易产生超越机会

博主或运营人员运营小红书，就必须了解小红书的赛道法则，选择一条适合自身的赛道。

小红书作为一款分享生活方式和消费经验为主的平台，赛道类型丰富。国金证券发布的《小红书新消费研究思路与实践专题分析报告》显示，从整体趋势上，美食、美妆、娱乐类目笔记仍然是小红书平台主体内容，分别为3 368.6万、2 695.6万、2 034.2万篇，合计占比达到23%。

如图 6-21 所示，美食类笔记在大盘中占比超过 9%，位居首位，笔记内容主要是美食教程、探店、美食搭配、分享等。美妆类笔记仍然是小红书社区的重要内容，2024 年笔记数占比达 7%，仅次于美食类，笔记主要内容为美妆教程、好物推荐、妆容分享等。

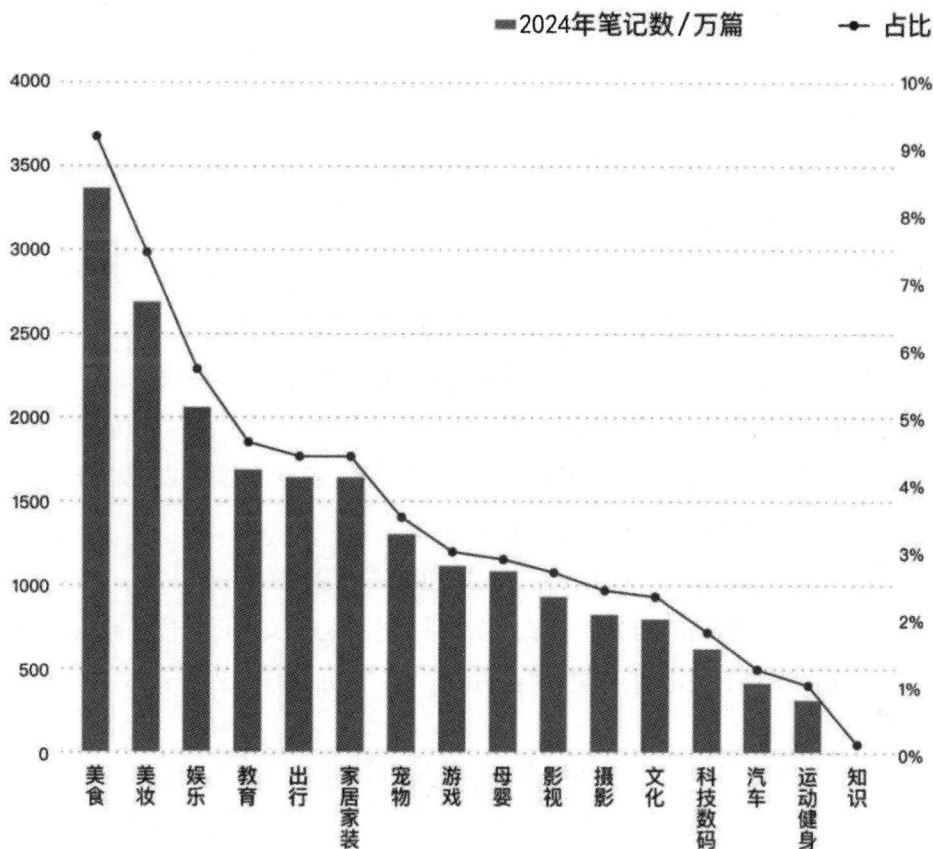

图 6-21　小红书平台 2024 年各类笔记数及占比

这充分体现出小红书女性用户占比高，自带"种草"基因，社区气质浓厚的特点。尽管如此，男性向、宠物、家居等内容则属于快速增长的赛道。从商业化角度来看，娱乐类、彩妆和游戏行业互动 ROI 较高，"种草"红利突出。结合笔记数量和流量趋势，家居家装、清洁电器、母婴用品、宠物用品、医疗健康、运动健身等赛道也容易产生爆款文章。

尽管优质赛道更容易产出爆款，实现后发领先，但是选择赛道最终还是要看自身擅长的领域，结合自身条件定位自己能输出价值的领域，归根到底，内容才是源头所在。

3．内容法则：美、短、狠，有效吸睛

小红书是图文起家的平台，虽也有短视频内容的加入，但图文平台的传播逻辑还是适用于小红书的。小红书的内容法则概括起来是"美""短""准"。

（1）"美"是指场景、画面构图、文字排版美

在文字内容部分，小红书上很多笔记带有表情符号，这一方面能提升笔记美观程度，另一方面也能够让版式更加清晰明朗，让语言更诙谐。

而图片或视频封面是笔记内容的"灵魂"。如果是工具性强的内容，需要封面清晰呈现内容的核心观点或标签；如果是重氛围感的内容，则需要注意拍摄、布景技巧和图片风格的一致性。

（2）"短"是指内容简洁明了

小红书笔记不能像微信公众号文章，洋洋洒洒写几千字。一篇笔记的字数最好控制在 500 ～ 800 字，内容要充实、饱满，但不能冗长。

如果博主或运营人员发现自己的笔记篇幅过长，排版的时候就要进行适当的提炼和删减。适量的字数能使用户在阅读的过程中感到满意。如果字数太少，用户会觉得信息量少和价值低，字数太多的话，用户会因需要花费的时间太长而放弃阅读。

（3）"准"是指内容的针对性强

一方面，内容和账号风格要足够垂直，这会使内容更容易被算法发现和推荐。另一方面，通过关键词的植入精准触达目标用户。

博主或运营人员在内容创作完成后，可以通过先搜索相关话题（tag），按照阅读量排序后形成与自己内容匹配的关键词库，接下来在标题和正文中尽可能多地植入这些关键词，并在 tag 中提到关键词，实现内容的精准导向，如图 6-22 所示。

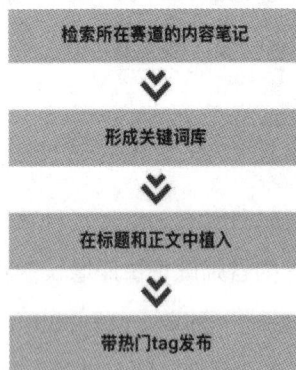

图 6-22　内容精准导向流程

除此之外，还有一些起标题的小技巧，如下。

① 用数字凸显价值和美感：使用数字能够增加辨识度，让用户更加直观地感受内容的价值，激发其点开笔记的欲望，例如《每天 3 分钟，10 天消除黑眼圈》。

② 体现实用性，强调价值：小红书用户搜索主动性强，通常会在平台内对一些

问题进行主动搜索。指导性强的标题更具备针对性，有助于提高笔记的吸引力，例如《答应我，下次拍照一定要这样拍》。

③ 惊喜优惠，突出卖点：告知用户产品人气旺、销量高、明星青睐等突出卖点，然后再利用优惠和低价营造反差，这样会让用户感觉到既少花钱又解决了问题，例如《某宝上热卖的包包，居然只要1元》。

④ 对号入座：通过特定的标签和属性圈定人群，例如《农产品怎样设计包装才能吸引用户？》《想要运营小红书，要具备哪些思维？》《你是"讨好型人格"吗？》。

4．运营法则：活用算法，帮你跨过内容之海

在信息爆炸的时代，酒香也怕巷子深。优秀的运营方式，能够帮助好内容跨过海量的同类信息呈现到用户面前。运营，实则是与平台算法的竞合。

（1）稳定更新

许多小红书创作者在介绍经验时提到，刚开始运营时"稳定的更新频率"和"一致的风格"能够帮助创作者实现稳定的内容曝光。平台算法会识别到这是一个稳定的创作者，从而更加信任创作内容。

（2）熟悉算法机制

小红书的算法机制被称为测试内容池。也就是说，小红书会根据设置的标签提取高频词汇，给可能感兴趣的用户进行第一波的流量推荐，小红书内容分发逻辑如图6-23所示。

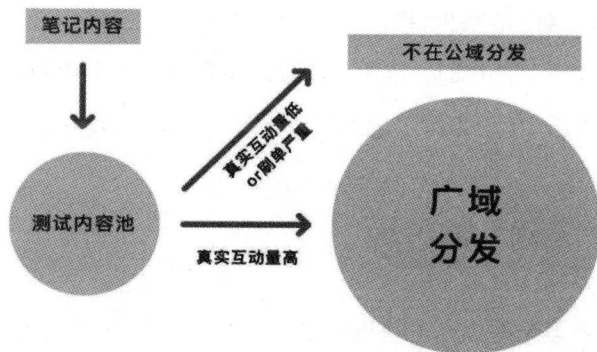

图6-23　小红书内容分发逻辑

用户的点赞、收藏、评论或分享的数量达到了一定的推荐阈值，笔记会进入更大的流量池并被扩大推荐，得到更多曝光的机会。经过算法的筛选，反馈更好的内容会被算法推送给更多用户。

影响小红书算法推荐的因素和其他平台大同小异。但是为了防止恶意做数据，并不是说用户点开笔记，一条龙式地完成打开、点赞、收藏、评论、分享操作就可以了。如

果用户在页面停留时间短、互动率低，该笔记反而会被平台会判定为"作弊"，不仅起不到效果还可能被限流。可见，"互动的真实度"是小红书推荐机制中非常重要的一项考核指标，会直接影响平台分给博主账号的流量。互动的真实性由两个维度进行判定，即互动量和用户停留时间。

所谓互动量，就是小红书笔记被点赞、收藏、评论的数量，反映了用户对笔记的喜爱程度和兴趣程度，从一定程度上反映了笔记的质量。互动量越高，笔记被推荐的机会就越多，甚至还会在私信中收到官方的流量推荐提示。而对平台而言，用户停留时间也是一项重要指标，互动量与其有直接关系，如果用户停留时间和互动量关系异常，笔记就可能被判定为"作弊"。

（3）选择发布时间

一般而言，小红书用户有 4 个活跃高峰期，可根据此来选择发布时间。

① 早班高峰 6—8 点：用户乘地铁、公交或步行途中有大量空闲时间，通常会在社交平台上打发时间。这时候在线用户较多，并且这是一天的开始，大部分人保持着一个较好的心情状态，对内容接受度更高。

② 午休高峰 11—13 点：午饭过后刷刷手机是现代人一个比较普遍的习惯。这个时间段同样是用户较活跃的时段，且用户的状态比较轻松，阅读的兴趣和耐心都较高。

③ 下班高峰 16—18 点：这个时段大多数人在下班途中，和早班高峰期一样，用户的空闲时间较多，会习惯性地打开社交软件。

④ 睡前高峰 20 点—次日 1 点：晚饭过后是大部分人最闲适的时候，一般在晚上20 点后，用户活跃度高，在线时间长，且搜索内容的主动性强。

笔记发布后的 1 ～ 2 个小时，点赞、收藏、评论数增长越快就越容易被小红书平台判定为优质笔记，做进一步的推荐。因此选择高峰节点发布笔记，更容易产生爆款笔记。

三、小红书的"涨粉"技巧

博主或运营人员要想在小红书获得流量、实现"种草"，首先得了解平台的流量逻辑，一篇笔记从发布、审核，到得到平台的推荐，再到用户点击，互动，转化等一系列的操作背后的流量逻辑。

小红书流量逻辑有两个核心点：内容标签匹配、社交关系链推荐。

小红书笔记在发布后，平台会为其打上一系列标签，将其推荐给可能感兴趣的人，笔记中被提取的关键词、地理位置等信息则是标签的重要特征。例如发布美食笔记后，平台会将其推荐给平常爱看美食笔记的用户。

在推送给一些用户后，平台会根据笔记的互动量来给笔记打分，决定是否要继续推荐给其他用户，这个评分体系在小红书内部称为 CES，具体计算公式如下。

$$CES = 点赞数 \times 1 + 收藏数 \times 1 + 评论数 \times 4 + 关注数 \times 8$$

笔记的内容质量直接影响到笔记的互动量，得分高的笔记在小红书上可以不断被推荐，获得长期和长尾流量，笔记发布很久后都还能保持点赞、评论和收藏数的增长。

此外，账号笔记还会出现在"粉丝"的首页关注栏和发现栏，这部分的算法跟用户与博主的关系亲密程度有关。当博主与"粉丝"产生互动行为，笔记可能会进一步被"粉丝"的好友、好友的好友看到，形成裂变式的增长和品牌"种草"。

根据小红书漏斗模型来看，博主发布一条内容首先关注是否得到分发，然后要关注点击率和互动率，再到更高级的目标是"涨粉"转化。

1. 提高内容分发量

增加用户感兴趣的关键词。关键词可以帮助内容笔记获得首页推荐流量和搜索流量，即发现页被推荐和搜索页排名靠前。

关键词怎么用？关键词最好是从选题时就计划好，需要在标题、正文、话题里合理地运用关键词。

什么是好的关键词？根据总结，受用户欢迎的、有一定容纳度的关键词是好的关键词。

① 好的关键词需要受当下用户的欢迎

最简单的方法是在搜索框输入关键词，可以看该关键词下有多少笔记。笔记数越多，该关键词相对就越受欢迎。如果在受欢迎的关键词下，优质内容还很稀缺，那这个关键词可以说是蓝海，很值得做相关笔记。但关键词下的笔记数只是参考，还需要预判哪些关键词是处于上升趋势的、可能会火的。

② 好的关键词需要有一定的容纳度

关键词不是越大越好，很大的关键词其实是内容分类，比如"美甲"，关键词太大反而不易被精准分发；关键词也不是越小越好，小的关键词触发不了多少分发，比如"超晶莹透亮温柔美甲"这个关键词就可能较小，而"夏日美甲"这种就是有一定容纳度的关键词。

2. 关注点击率和互动率

（1）提高点击率

小红书是双列信息流，点击率是笔记的重要衡量标准。封面和标题的优质与否很大程度上决定了点击率的高低。

① 封面。在小红书，笔记封面很重要。在多列信息流产品上，封面和标题是第一印象，很大程度上决定了用户愿不愿意打开。即使系统给了分发，用户不愿意打开，也很

难产生后续的互动量，笔记将无法进入下一个流量池。

关于图文、视频笔记封面制作的基本方向，以下从图片的审美、信息、趣味性、借势等方面进行拆分。

- 从图片的审美层面出发：图本身要好看。比如，美食类的笔记需要食物图片诱人；摄影类的笔记需要图片风景优美。

- 从图片的信息层面出发：图片需要做到相对准确的信息传达，尤其是知识类视频的封面，需要引发用户的一些情绪，比如好奇、认同等。

- 从图片的趣味性层面出发：好玩、有趣、新奇的图片，就会吸引用户点击。典型的有萌娃萌宠类、新奇物品类，还有搞笑类，比如搞笑对话、吐槽金句等。

- 借势：简单来说就是"蹭"热点、节日、潮流，以及文化共识的热点。

② 标题。除了封面，标题也会影响点击率。标题可以从有用、有趣、共鸣三个方向构思。

- 有用：言简意赅、信息明确、功能性明显，能够满足一部分人或者大部分人的需求。

- 有趣：运用好热梗、流行句式；口语化，足够好玩。

- 共鸣：文字表达出明显的情绪、情境，能够快速引发一部分人或者大部分人的共鸣。

③ 封面和标题的配合。封面和标题需要做到配合。封面指出主要信息，标题来配合，也可以封面和标题配合给到一种情绪、一种困境或一个故事场景。

比如标题是 10 分钟矫正小腿外翻，封面是腿的前后对比；这些封面与标题配合得就很好。封面和标题并不是要同时做到信息量爆炸、极其花哨，有时候这种笔记反而让用户不想点开查看。

（2）提高互动率

内容本身始终是最重要的，内容决定了互动率，互动情况则决定了下一轮分发情况。互动是转粉的前提，有很多内容互动多但转粉少，但极少有内容转粉多但互动少（排除抽奖类利益内容）。

在小红书，互动主要是指用户的点赞、收藏、评论行为，其次是指用户的转发、发布弹幕的行为等。点赞和收藏的行为门槛低，相对好获得。有用的内容往往会得到很高的收藏量，有趣的内容会得到很高的点赞和相对高的评论，能让用户有共鸣的内容也很容易获得点赞和评论。

关于评论，博主可以适当在文案或视频中做一些引导，鼓励用户参与评论；或者利用一些热梗，提高用户评论的积极性。关于转发，博主需要考虑到用户转发分享的动机是什么。让用户很有共鸣、很愉悦、为用户提供新知或是能成为社交货币的内容，用户都会乐于分享。

总而言之，想要提高互动率还是要回到内容本身，需要让用户感受到有用、有趣、有共鸣，成功实现其一即可，同时实现两个或三个则更好。通过内容为用户提供信息价值、认知价值、情绪价值，用户会用互动来进行反馈。

3. "涨粉"转化

"涨粉"的本质是用户下次还想看到这个人或这类内容，以下从人设和内容这两方面简单分析。此外，对企业号或者有预算的个人号来说，使用抽奖、活动等利益方式也能快速"涨粉"。

① 人设

人设对"涨粉"非常重要。有人设的账号具有独特性和不可复制性；而无人设的账号一般很容易被复制，缺乏稀缺性和竞争性。

人设拆解出来就是定位明确且有人格魅力。定位明确，是这个博主有鲜明的身份和内容输出领域。人格魅力指这个博主的性格、价值观、语言表达有特色等。

真人出镜对人设的塑造极其重要。此外，声音露出和有特色的语言表达体系也能塑造人设。图文笔记也需要在文中简要介绍自己的身份特色和内容输出领域，用一句话或者几个关键词概括出来即可。

② 内容

• 内容适用度：不同内容适用的人群不一样，适用度广的内容"涨粉"相对更快。比如说菜谱内容是有用的，专业经济知识也是有用的，但前者适用的人群更广。

• 内容稀缺性：稀缺是指用户有需求但平台上没有相关优质内容提供。内容稀缺性对"涨粉"来说非常重要。在某类内容还没有大量竞品内容时，"涨粉"是相对容易的。某类内容已经不再稀缺后，单条笔记仍有可能获得高互动，但转化"粉丝"数量较低。"蹭"热点本质也是提供稀缺内容，用户对热点内容有很大的需求，但在热点产生之初并没有太多相关优质内容。

• 内容系列性：内容系列性首先会让用户产生账号稳定更新的感觉，对博主的内容产出有预期。此外，当有一条内容爆火的时候，整个系列的内容都有机会被再次看到。内容稳定更新且内容质量基本符合预期非常有利于"涨粉"。

四、小红书的数据分析与风险规避

1. 账号数据分析

博主打开创作者中心，可查看近 7 日和近 30 日的账号数据，图 6-24 所示为观看数据页面示意，图 6-25 所示为互动数据页面示意，图 6-26 所示为转化数据页面示意。
笔记的数据在发布后次日 15:00 左右才会更新，建议发布 2 ～ 3 天之后再看，参考价值
更高（提示：非专业号的博主，需要有一篇笔记有几百赞之后才可以看详细的数据分析）。

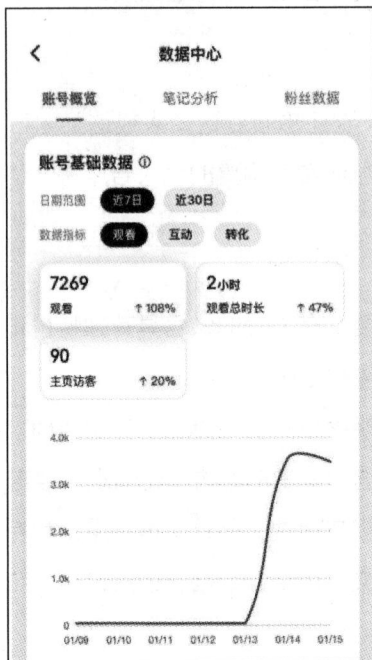

图 6-24　观看数据页面示意

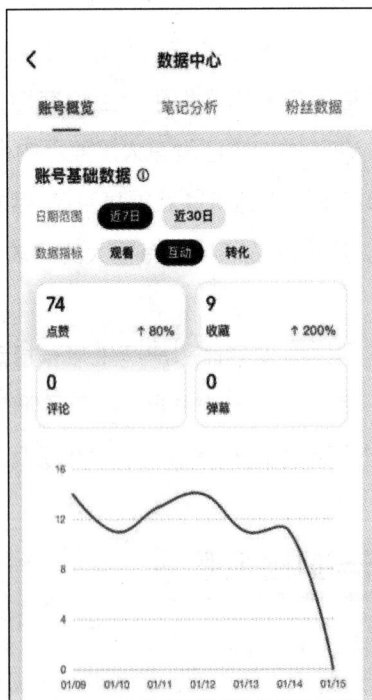

图 6-25　互动数据页面示意

图 6-26　转化数据页面示意

观看指点击量，也就是人们通常说的"小眼睛"。"小眼睛"越多说明观看笔记的用户越多。笔记在发布后，系统通常会给到 100 次左右的"小眼睛"曝光。

互动指笔记的点赞、收藏、评论数，表现好一点的笔记互动率在 5% 左右，比如 1 000 个"小眼睛"，大概有 50 个的互动。

转化包含笔记涨粉和笔记分享两个指标。若笔记给用户提供价值，用户分享越多，那么笔记传播就越广泛。

如果笔记观看次数比较低，说明需要优化标题和封面。如果笔记互动率比较低的话，说明内容没办法引起用户共鸣，此时可以添加一些引导互动的话术。

2. 笔记数据分析

在数据中心作品分析一栏，选择想要分析的单篇笔记。单篇笔记数据可以从以下八个维度进行分析，如图 6-27 和图 6-28 所示。

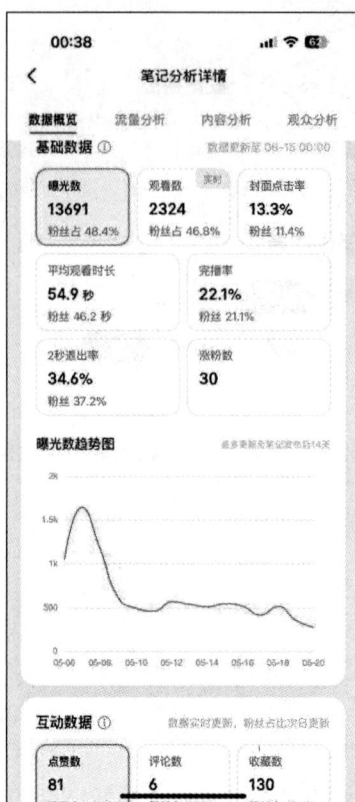

图 6-27　单篇笔记数据分析示意（1）

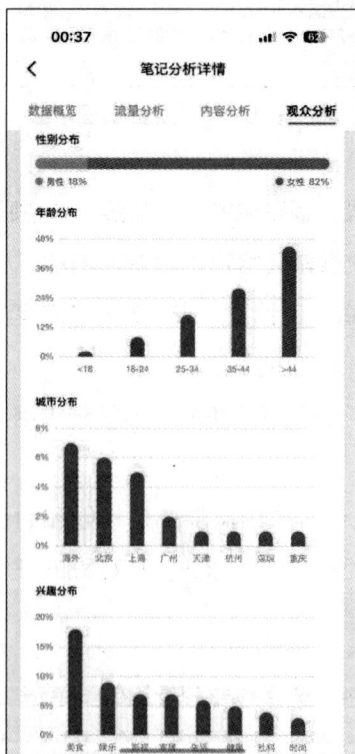

图 6-28　单篇笔记数据分析示意（2）

（1）基础数据

主要有观看数、平均观看时长、点赞数、收藏数、评论数、"涨粉"数、分享数、曝光数和封面点击率，和上文提到的账号分析有共通之处。

（2）发布后 7 日的观看数趋势

笔记端自然流量在前 7 天属于流量快速增长期，7 天后流量会下滑，30 天后则不再出现于发现中，仅可在搜索端被动发现。运营人员可密切关注这 7 天的数据，如果前两天数据不错，可直接用信息流加热，延长笔记生命周期。

（3）笔记诊断

笔记诊断主要从内容丰富度、封面点击率来看，点击率取决于标题和内容两个方面，数据不好可从这两个方面出发改善。

（4）观看来源

同账号数据分析一样，观察账号中各类笔记观看来源的比重，然后进行分析。

（5）观众性别分布

男性和女性，根据产品和账号定位，若为机械类产品，需关注男生比例情况。

（6）观众年龄分布

看哪个年龄段受众用户最多，观察该年龄段用户喜欢的形式。

（7）观众城市分布

关注观众在不同城市的分布比例，此数据对探店博主参考意义重大。如果发布一篇城市探店笔记，本城市关注度少，就要思考方向是否出现了问题。

（8）观众兴趣分布

看用户兴趣分布是否垂直，如果是做知识类博主，可以先观察一下"粉丝"是否是知识博主。

3. 账号赞粉比数据分析

赞粉比能客观反映账号笔记活跃度及用户对账号的黏性。赞粉比 =（总点赞数 + 总收藏数）÷ 粉丝量。关于赞粉比，分为以下三种情况。

第一种，赞粉比低于 1∶1，基本以明星号或个人细分博主为主。

第二种，属于常规情况，赞粉比在 1∶1 到 10∶1，大部分博主处在这个区间。另外图文账号相对视频出镜类的账号赞粉比略低一点，如果账号之前一直做图文，可以尝试用视频来打造人设，视频的表现力更强，更容易激发用户关注。

第三种，赞粉比高于 10∶1，这说明用户看了账号的笔记，更多进行点赞和收藏行为，并不想关注账号。博主或运营人员可排查下笔记，是不是有爆文，爆文是否与账号定位相关，如果相关，可围绕这种风格继续发布笔记，坚持形成自己的风格。如果不相关，则说明笔记并未对账号产生正向促进，应找准自身定位，继续更新笔记。

　　小红书数据分析从账号数据、笔记数据和赞粉比数据三个方面出发。从账号数据看目前账号是否有"涨粉"乏力问题。从笔记数据看笔记是否限流、如何调整笔记发布内容。从赞粉比数据看账号定位是否垂直，以及用户的黏性。数据分析是为了让博主或运营人员发现问题。博主或运营人员想做好小红书账号运营，需要尊重平台规则、深耕内容，持续撰写。

4．风险规避

　　博主或运营人员需要保持原创高质量创作，杜绝抄袭行为，给用户提供有深度、有价值的内容，增加用户黏性与互动率，如分享独特经验、见解、实用技巧等；同时，搭配高清、美观的图片或有趣的短视频，提升作品吸引力。

　　博主或运营人员在创作内容时需要合理布局关键词，选取与内容相关、搜索量适中的关键词，避免堆砌辞藻，保持语句自然流畅，可拓展长尾关键词，提升细分领域的曝光度。

　　博主或运营人员需要熟知小红书社区规范和内容审核标准，不发违法、侵权、虚假、低俗等违规内容；谨慎处理广告内容，避免过度营销被判定为垃圾信息，可通过报备流程发布商业推广笔记；留意敏感词，不在文案、标题、标签等出现敏感词，以规避违规风险。

五、小红书直播与"粉丝"互动

1．小红书直播的商业价值

　　2019年6月，小红书上线内测直播功能。2020年4月23日正式上线，面向平台内全部的创作者开放。受入市时机的影响，小红书直播电商商品交易总额（Gross Merchandise Volume，GMV）在整个直播电商市场占比较小。根据艾媒咨询的报告，2020年各大平台直播电商GMV如图6-29所示。

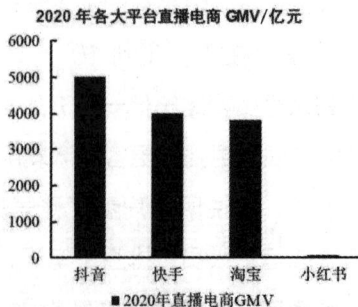

图6-29　2020年各大平台直播电商GMV

此前，小红书的营收来源主要为广告业务，单一的品牌广告变现并不足以支撑社区平台的发展，并容易失去对品牌方的客观立场，进而失去对社区内容的把控能力。如图6-30所示，2020年小红书未来品牌大会上小红书CEO毛文超在演讲中表示，直播是小红书找到的一个既能维护社区生态，又能实现商业化的路径。

图6-30 2020年小红书未来品牌大会

（1）小红书直播"带货"的转化率高于其他平台

图6-31所示为各大平台千万级别以上KOL"带货"转化率。QuestMobile数据显示，小红书头部KOL直播的平均转化率达到21.4%，远高于抖音、快手等平台。

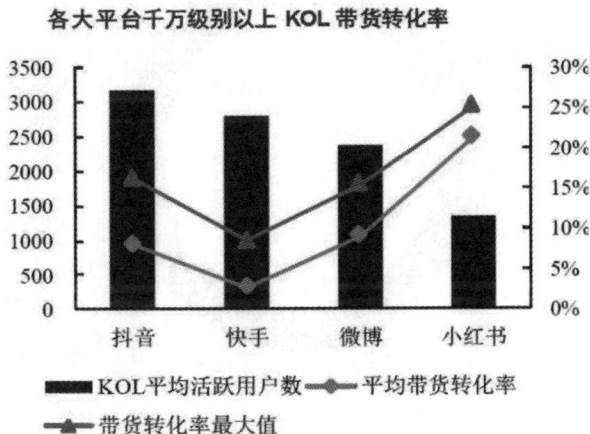

图6-31 各大平台千万级别以上KOL"带货"转化率

（2）小红书用户对直播商品的价格敏感度低

如图 6-32 所示，小葫芦数据显示，淘宝、抖音和快手三大平台直播电商场均客单价分别为 120 元、100 元、70 元，直播"带货"的比价属性较强。虽然低价商品更易促进用户冲动消费，提升转化率，但客单价低始终是各大电商平台的核心痛点之一。而小红书核心用户群体喜欢尝试新的事物，消费能力高，对价格敏感度低，更容易接受高客单价产品，为品牌方提供了较为包容的直播场景。小红书"带货"直播场均客单价如图 6-33 所示。

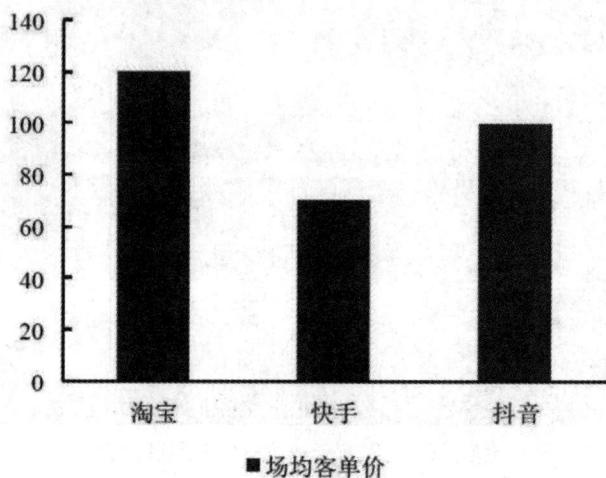

图 6-32　三大平台直播电商场均客单价

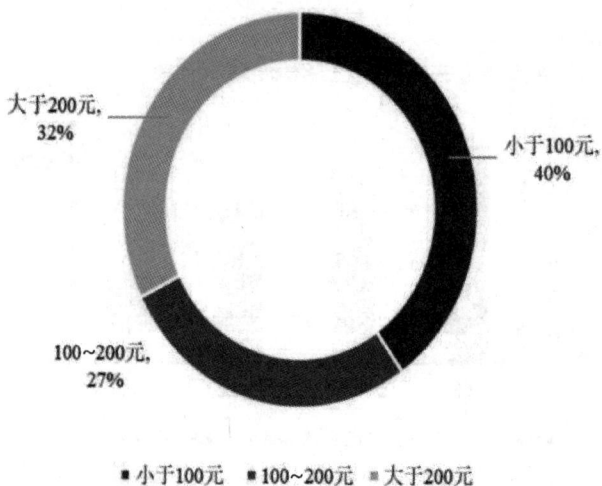

图 6-33　小红书"带货"直播场均客单价

（3）小红书直播观看人数和账号"粉丝"数量的关联性相较其他平台弱

如图6-34所示为小红书直播主要入口整理。小红书平台中，推荐页和搜索页的流量都十分可观，用户可由多个通道进入直播间，而不局限于"粉丝"的关注页。只要直播预告充分，直播账号的"粉丝"数量对直播效果的影响力可以被进一步缩小，这意味着品牌方在选择合作对象时可以不局限于"粉丝"较多的头部KOL。

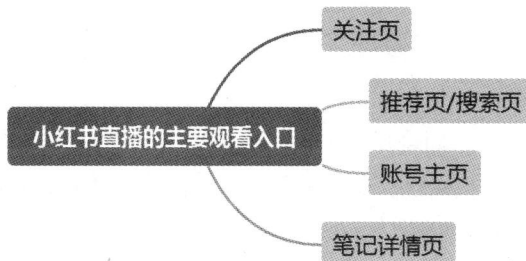

图6-34 小红书直播主要入口整理

（4）小红书电商直播"种草"复购率高，退货率低

据小红书官方后台统计，小红书部分直播间复购率高达48.7%。可见小红书的直播板块是很有"种草"潜力的。

（5）平台对中小品牌的扶持倾斜

当前小红书直播"带货"的流量和商业产值与其他平台相比仍有差距，小红书想要发展直播板块就需要扶持更多的新品牌。因此，小红书直播在互动、资源倾斜上对优质的中小品牌更为友好。

综上所述，小红书直播商业价值如图6-35所示。

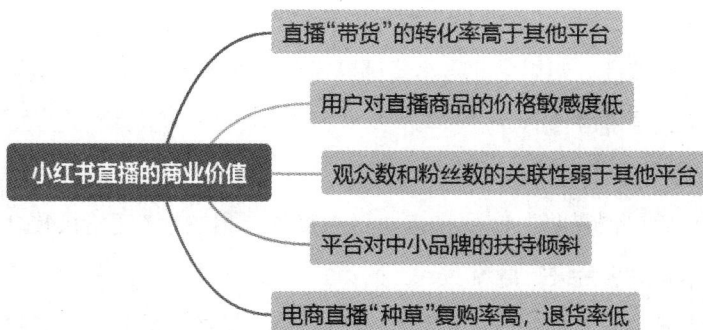

图6-35 小红书直播商业价值

2. 从"种草"到"拔草"的闭环

（1）直播形式

小红书直播分为两种形式，一是找达人"带货"直播，二是品牌号自播。目前，在

达人方面，主要是初级达人、素人，从目前直播销售额来看，初级达人"带货"直播是主流，品牌号自播也逐渐成长。

（2）直播入口

从内测到公测，小红书不断更新和增加直播功能入口。

① 入口1："关注"页面顶端可直接看到直播状态，用户可点击主播头像可进入直播间。

② 入口2：首页中的"发现页"上方可以看到直播状态，或是在搜索框内搜索"直播"，点击后可进入直播广场。

③ 入口3：直播功能入口可在发现页的信息流滑动中出现，原小红书笔记配图的右上角位置会显示"直播中"字样，用户可点击博主的个人主页头像进入直播间。

（3）直播方式

① 互动直播。互动直播内容主要以分享好物、分享生活为主，主播与"粉丝"双向互动，是主播积攒人气的途径之一。

主播还可向其他在线主播发起连线邀请，连线后两位主播可同屏出现，进行实时交流，双方"粉丝"均可看到，可增加直播间曝光量，并实现主播间"粉丝"互换。

②"带货"直播。与淘宝、抖音相似的"带货"模式，用户可在直播间直接购买商品。但与淘宝直播的导购式"带货"有所不同，直播间的整体氛围仍是以分享为主，更重要的意义在于实时"种草"，帮助品牌实时在社区里建立自己的形象。

（4）直播权限

① 创作者。只有小红书创作者才能申请直播，创作者认证需要保证"粉丝"大于等于5 000人，近半年内有10篇单篇笔记阅读量超2 000次。

② 企业号。小红书会精选部分企业号账号免费开通直播功能，并对部分有特色的直播内容进行流量扶持。如果企业号有直播需求可以通过企业号助手内测直播邀请，也可以通过登录企业号平台申请。

（5）"带货"业务

大部分创作者的"带货"商品来自小红书商城，且主播在直播的过程中不得向微信、微博等站外竞品平台进行导流。

已在小红书开通官方店铺的品牌可以设置直播"带货"，类似于淘宝直播生态内的店铺直播。若有主播正在讲解中的商品，会以商品卡片的形式主动向在房观众和新进房观众弹出。

（6）小红书直播的特点

① 不完全以"带货"为目的。小红书创作号负责人表示，"带货是直播根植于分享属性的社区所带来的结果，而不是目的。"小红书独有的"分享式直播"的特点是主播

们以分享和互动为主，产品讲解充分，节奏相对较慢，实时"种草"属性强，营造了情感属性较强的"带货"氛围。

② 品牌—博主—用户（Brand to KOL&KOC to Customer；B2K2C）模式清晰。此前小红书由 UGC 社区转型为跨境电商，后又转向社区电商，最终选择 B2K2C 模式。

在 B2K2C 的闭环链路中，品牌通过 KOC 的分享和推荐在社区树立口碑，带动更多用户的消费行为，用户通过分享消费体验，再反向影响品牌和其他用户，形成正循环。

小红书的关键优势在于位处中间环节的"K（KOC）"，KOC 在平台中发挥着重要的作用。例如，KOC 以普通消费者的身份分享产品使用体验，无专业团队过度包装修饰，分享视频更贴近生活，能让用户产生共鸣；KOC 非品牌官方博主，因此其分享内容容易被其他用户信任；KOC 来自不同领域、年龄层次、地域，兴趣爱好和生活场景，能从多元视角创作内容，填补平台内容空白，满足其他用户多样化需求。小红书为让 KOC 更好地连接 B 端和 C 端，推出 KOC 连接计划。其中包括百万新品试用，帮助品牌免费连接一百万个 KOC，让他们无压力真实体验产品。小红书直播"带货"等新业务的发展，使得 B2K2C 的闭环模式更加清晰。

③ 内容平台

内容平台是品牌成长的必需阵地，小红书拥有亿级高活跃度年轻人，是众多想要深入市场的品牌商的选择。

截至 2020 年 10 月，小红书平台已有 4 万个品牌入驻，2022 年上半年入驻的美妆护肤品牌增长超过 5 倍，时尚服饰品牌增长超过 10 倍。路易威登、蒂芙尼、古驰等奢侈品牌也选择与小红书博主合作进行新品直播，接连入驻平台开通企业号，并发布系列笔记内容。其中蒂芙尼、古驰将"从直播到购买的闭环链路"放在了小红书上。此外，国货新品牌，尤其是美妆时尚行业里一批新品牌，不少因小红书笔记和直播而走红，如谷雨、自然之名等。

品牌商通过小红书直播获得品牌声量的成功案例已不在少数，小红书也正在建立起一个生活方式分享平台，成为未来品牌成长的重要阵地。

④ 垂直类目主播

小红书上的主播大致分为两类：一是垂直领域的主播，比如生活类、美妆类等领域，主播是某个垂类的专家，拥有大量忠实"粉丝"；二是专注于某种生活方式的特色主播，比如职场女性、单身女士等，代表着一种积极向上的生活态度。

垂直化、多元化将是未来的生活方式的发展趋势。小红书的主播有一个共同的特点，他们打造出在某一领域的专业形象，具有创作优质内容和直播"带货"的多重能力，"粉丝"基于对他们的信任，愿意接受他们的推荐。

3. 小红书直播的逻辑、选品、团队和营销模式

（1）明确直播营销的基本逻辑

① 直播前

首先要构建一定的品牌私域流量池，同时品牌方在小红书内应有优质的内容曝光。优质内容和直播"种草"、宣传、"带货"是相辅相成的，这是由小红书平台特性决定的。在小红书，没有内容基础的直播很难达到很好的效果。

② 直播中

有了前期铺垫，品牌方可通过直播有效带动品牌私域核心用户的转化；此外，直播可增加品牌在小红书公域的曝光，吸引更多的潜在用户。

③ 直播后

直播中可能会产出有价值的营销素材，尤其是当品牌方与头部 KOL 或明星合作直播时。对直播内容进行二次剪辑发布，可对品牌和产品进行二次曝光，有效获得长尾流量。

（2）选品

① 选品要依据小红书核心人群特性来判断。

• 年轻：从产品端来讲，建议优先选择适合年轻人的产品。例如，做护肤产品，其核心就是做控油、抗敏感、祛痘、祛黑头、祛闭口等针对年轻人肌肤问题的产品。

• "网红"化：产品包装应好看，属于"网红"爱用品品类，则用户容易被带动从而消费。

② 组品。组品主要是对整场直播出现产品的组合，恰当的组品可以提高整场直播的人气和转化率。

• 组品原则：以用户为导向，贴合目标用户需求，覆盖不同场景与消费层次；流量转化平衡，搭配引流款（拉人气）产品、利润款（做营收）产品、辅助款（补缺口）产品；多样关联，产品品类丰富但互相关联（如围绕主题或场景）。

• 组品差异化：突出直播间的特点，吸引路人用户前来观看。

• 组品符合合作主播的受众的喜好：对合作 KOL 的直播而言，主播的"粉丝"是直播间流量的主要来源。如果组品受众与主播观众的兴趣偏好不对口，合作效果必然大打折扣。

（3）组建直播团队

对初次尝试直播运营的品牌而言，建议团队配置 4～6 人即可，后续可根据需要扩大团队。如图 6-36 所示为小红书直播团队组建建议。

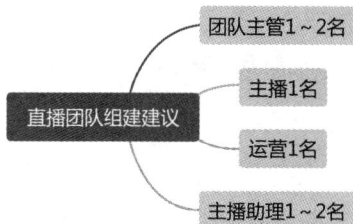

图 6-36　小红书直播团队组建建议

① 团队主管：负责统筹所有板块的协调工作。

② 主播：负责准备直播脚本，是直播中的主要讲解人，需要对产品足够熟悉。

③ 运营：负责直播产品的选择和组合，处理直播产品的售后问题，协调直播现场等。

④ 主播助理：运营"小助手"账号，准备直播预告、预热直播间。

（4）小红书直播的主要营销模式

① 品牌宣传推广。品牌宣传推广一是可以提升品牌知名度；二是可以为新品上市做好产品宣传。

② 日常"种草"。

• 通过多种形式露出品牌和产品：长期渗透用户认知。

• 长期合作 KOL：通过植入其日常直播的方式完成。注意要结合 KOL 干货展示产品。

• 品牌号定时直播：介绍品牌的新品、提供优惠促销，维护品牌的日常流量。

③ 电商"带货"。主要是在电商大促节点使用。电商"带货"可在前期深度"种草"的铺垫下，快速完成收割转化。布局周期建议为 2 ～ 4 周。

• 筛选优质 KOL 发布优质"种草"笔记，持续、广泛地占领用户心智。

• 配合企业号抽奖功能，增加笔记的用户互动数、点赞数、收藏数，帮助企业号快速"增粉"。

• 企业号、KOL 预告直播福利，为直播预热铺垫。

• 直播日，配合大力度促销优惠迅速完成流量收割、销售转化。

• 经营直播后续的长尾流量。

④ 孵化品牌自有 KOL。在品牌直播中，品牌方可以建立自有的 KOL 矩阵。

4．品牌方布局小红书直播的三种途径

（1）合作博主

挑选合作博主的方式如下。

① 品牌对自己的受众有明确的定位，懂得用户的消费偏好。

② 选择受众符合品牌产品的目标用户的博主。

③ 优先选择直播业务能力强的博主。

④ 判断博主账号质量，依据为数据、内容、人设。值得留意的是，与笔记投放不同，小红书目前主要的直播集中在头部博主和明星部分。由于合作达人直播，"粉丝"的黏性和数量对转化而言是十分重要的，直播合作的博主建议以头部博主为主。

⑤ 优先考虑可积极配合直播团队完成直播的博主，主播和团队在合作前一定要就直播相关事宜达成一致，否则会直接影响直播效果。

⑥ 应选择可以长期合作的博主，有助于长期"种草"，深度占领用户心智。

⑦ 优先选择对产品"种草"意愿强的博主，与直接"带货"不同，博主的真诚分享更符合小红书社区的"种草"氛围。

产品协商步骤如下。

① 先由品牌方选定产品清单。

② 将选定产品提交给博主。

③ 品牌与博主就双方选定的产品协商一致后，对产品进行组货。

④ 最终的组货结果就是合作直播中的产品清单。

操作流程为品牌号开通"好物推荐"，达人即可就选定的产品清单"带货"。

（2）品牌号自播

① 直播策划

• 选择确定直播"带货"的商品。品牌方在确定直播"带货"的产品前要先分析该产品是否适合小红书平台直播。通过对小红书 GMV 分布情况进行大致分析，以及了解小红书易转化用户特性，品牌方可对产品是否符合小红书核心用户群体的偏好做一个粗略的判断。

操作步骤如下。

第一步，在选品中心提前选择相关商品。

第二步，在直播准备页添加商品。

注意品牌号"带货"只能在小红书店铺内选择商品，不能引流至站外。

• 根据已选定的商品准备直播脚本。确保直播内容有干货，能给用户带来价值，这是吸引用户观看直播的关键。例如在口红"带货"中，真实的口红试色，中肯的购买建议，能帮助用户挑选到适合自己的颜色，这就是直播内容给用户带来的价值。

• 确保主播熟悉脚本内容。在直播"带货"中，用户对产品最直观的感受来源于主播。主播至少应做到能流畅地介绍产品，了解产品具体的参数，以及相关优惠事项，否则很难向用户传递信任，促使用户做出消费决策。

• 直播间优惠设置。在策划中要提前规划好直播间的优惠促销活动，包括免单、品牌礼盒、抽奖等。

② 直播预告。直播前做好预告对提升直播效果有着事半功倍的作用。品牌号直播预告主要有以下两种方式。

- 使用"瞬间"功能进行直播预告。

- 预告笔记：首先，应知道如何撰写优质的预告笔记，图 6-37 所示为小红书预告笔记要素。其次，预告笔记也可以站外分享。将预告笔记分享到站外，吸引品牌的核心用户群体观看直播，增加品牌的小红书流量。最后，可以对预告笔记投放信息流，不过这比较适合预算充足的品牌操作，可助力直播消息触达更多用户。

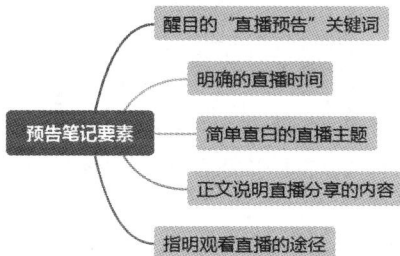

图 6-37　小红书预告笔记关键要素

注意最好提前 2 ～ 3 天发布预告笔记。

③ 直播前调试。

- 设备调试：画面，尽量使用固定架，保证画面的稳定性；声音，主播可佩戴麦克风，尽量减少与直播无关的噪声出现；互动，提前设置好直播"小助手"，便于其他同事回复用户问题。

- 设置封面和直播介绍。封面和直播介绍是吸引用户观看直播的关键因素，因此要选择与直播主题相关、美观、有吸引力的图片和文字。图 6-38 所示为小红书直播封面和介绍设置页面。注意不能为了吸引用户注意上传违规的封面，否则直播会被平台限制。

图 6-38　小红书直播封面和介绍设置页面

- 试播。将观看权限设置为"仅对被分享用户可见"，开启直播后提前熟悉直播界面上的各类功能，调试设备和检查设备是否完善。图 6-39 所示为小红书直播试播设置页面。

图 6-39 小红书直播试播设置页面

④ 直播中的注意事项如下所示。

- 不能做的违规事项。

第一，违规引流。直播中不能以任何形式向站外竞品平台进行导流，如抖音、快手、微博、淘宝、哔哩哔哩等，但是企业号对私信内营销不做任何限制，可引导用户在私信中进一步沟通。

第二，"带货"时不能带既定列表以外的商品。

第三，规避违规的直播内容或者言论，不能使用不文明用语，不能发表不友善言论，以及实施违法的行为和发表违法言论，例如过于夸张、绝对违反《中华人民共和国广告法》的"带货"言论。

第四，避免消极直播，主要是指长时间挂机、应付式直播等行为。

- 合理利用直播功能。

第一，直播公告。将直播的主题、内容、福利等重要信息写在直播公告上，帮助刚进入直播间的用户快速了解本场直播内容。

第二，直播间抽奖、红包。在发起直播间抽奖时可以设置抽奖条件，小红书提供了"关注主播""分享直播""输入口令"等抽奖参与条件。此外，品牌方可将品牌产品作为奖品，增加品牌露出。直播间抽奖活动不仅能提高主播与用户之间的互动，增强主播"粉丝"黏性，还能让更多人看到直播，挖掘潜在目标用户。主播和用户都可以发送红包，发红包和抢红包都是通过小红书虚拟币——薯币完成的。红包的作用主要是增强直播间的趣味性、提高直播间人气。

第三，镜像功能。当主播想要通过前置摄像头展示商品上的文字时，打开镜像功能可以让观众实现无障碍阅读。

第四，屏蔽词，可预防有人在直播间恶意评论带节奏的情况。

第五，直播连线，主播向其他主播发起连线邀请，实施互动交流，可有效提高曝光量。

第六，设置"小助手"，品牌可在直播时将员工号设置为直播间"小助手"。"小助手"可以协助主播回答用户问题，维持直播间秩序、处理不当言论，带动直播间氛围，引导用户参与直播间活动、领取福利。

（3）合作 MCN 机构

合作博主、品牌号自播以上两种布局途径，对品牌方的直播能力是有一定的要求的。

对没有布局直播经验的品牌方而言，可以将直播的具体事宜交由专门布局小红书直播的 MCN 机构操办，由 MCN 机构挑选联系合作博主、协助品牌号自播。此途径对于预算足够的品牌方是一个较为可取的方向，可以节省许多精力。此外，由 MCN 机构布局直播对直播效果的下限是有保障的。

5．小红书直播中的"粉丝"互动

（1）及时回应互动

主播应时刻关注评论区，及时回复"粉丝"评论和提问，提及"粉丝"用户名称增强其参与感，集中解答"粉丝"共性问题，复杂问题可私信了解或下次直播详细讲解。

（2）设置互动环节

问答抽奖：主播提出与直播主题、产品相关问题，让"粉丝"在评论区回答，随机抽取答对者赠送奖品，也可让"粉丝"提问，主播抽奖回答，增加参与度。

弹幕互动：主播鼓励"粉丝"发弹幕分享感受、想法、经验，如穿搭直播中，主播鼓励"粉丝"分享搭配心得；设置特定弹幕关键词触发福利，像发送"666"抽取优惠券。

投票评选：主播针对产品颜色、款式、使用方法等发起投票，如"您觉得这款口红哪个色号更好看"，根据结果分享见解。

连麦互动：主播邀请"粉丝"连麦，引导"粉丝"分享经验、故事、疑问，如健身主播连麦"粉丝"了解其锻炼困惑并给予指导；或进行游戏挑战，如猜谜语、成语接龙等。

（3）提供有价值内容

主播分享专业知识、实用技巧、独特见解等，如主播在美食直播中教授烹饪技巧、调味比例；主播邀请行业专家、达人做客分享经验见解，拓宽内容深度和广度。

（4）感谢与总结

主播在直播结束后发布感谢笔记，回顾精彩瞬间、互动环节和"粉丝"支持，提醒没参与的"粉丝"可以下次关注；整理直播问题和反馈，发布答疑笔记或视频，为下次直播积累经验。

新媒体运营（AIGC版 微课版）

课后思考与练习

尝试撰写小红书账号运营方案，从账号定位、内容策略、"增粉"模式、运营模式等方面分别阐述。

任务情境

小红书平台以年轻女性为主，其消费能力强，对新鲜事物和品质生活有较高追求，而且用户具有很高的用户黏性，内容多以图文为主。"金苹果"公司想要在小红书平台上打造爆款内容需要注意些什么？

实施要求

为该企业在小红书平台打造爆款内容提供解决方案。

实施步骤

请同学们根据小红书平台特点，罗列出爆款内容的运营法则并填写表 6-1。

表 6-1 小红书平台爆款内容及运营法则

"爆款"内容	运营法则

PART 07

项目七
人工智能与新媒体融合创新

项目导读

随着人工智能的发展，越来越多的创作者开始使用人工智能工具来辅助新媒体内容的创作，提高工作效率。

本项目将从人工智能技术的新发展与应用趋势、人工智能工具辅助文本创作、视觉设计，以及人工智能工具在直播等新媒体领域的应用等方面来介绍人工智能在新媒体中的应用。

知识目标

| 了解人工智能技术的新发展与应用趋势。
| 掌握在新媒体内容创作中对人工智能深度应用的方法。
| 了解数据驱动与人工智能赋能的新媒体运营。
| 掌握在直播与互动场景中利用人工智能进行创新实践的方法。

能力目标

| 能够运用人工智能工具创作新媒体文案。
| 能够运用人工智能工具辅助视频创作和直播活动。

素养目标

| 鼓励学生在新媒体运营中不断创新，勇于尝试新的理念和方法，积极进取，为推动新媒体行业的发展贡献力量。
| 鼓励学生敢于突破传统思维，探索新的运营模式，利用新的技术手段，以进取的精神不断提升自己的专业能力，为新媒体行业的发展注入新的活力。

任务一　人工智能技术的新发展与应用趋势

随着科技的快速发展，人工智能（Artificial Intelligence，AI）技术在各个领域都展现出了巨大的潜力和影响力。特别是在新媒体行业，AI 的应用不仅提高了内容创作的效率，还为用户提供了更加个性化、高质量的服务体验。本任务将重点介绍当前 AI技术的主要发展方向及其在新媒体中的具体应用。

一、生成式 AI 与大模型

近年来，生成式 AI 技术取得了显著的进步，其中大规模预训练模型尤为引人注目。这类模型通过深度学习算法，在海量数据集上进行训练，能够生成高质量文字、图像甚至视频内容。在中国市场上，阿里云的"通义千问"、百度的"文心一言"等都是典型的代表。这些工具不仅能够帮助创作者快速撰写文章或脚本，还能根据特定需求调整风格，极大地丰富了新媒体的内容生态。

1. 通义千问

作为阿里巴巴集团推出的一款超大规模语言模型，通义千问支持多种自然语言处理任务，包括但不限于文本生成、问答系统、机器翻译等。对新媒体从业者来说，利用通义千问可以轻松实现从零开始构思文章到完成文章全流程的自动化。通义千问官网如图 7-1 所示。

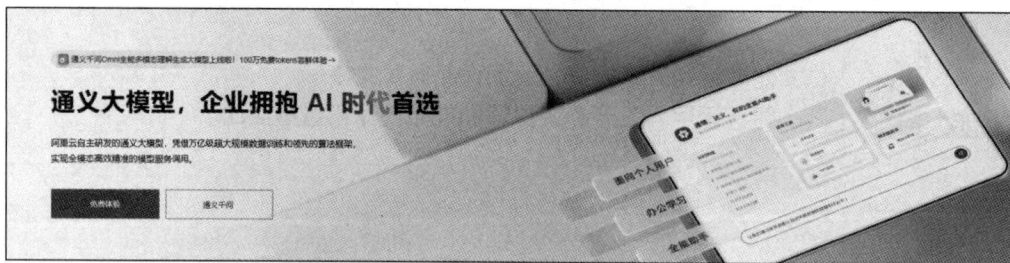

图 7-1　通义千问官网

2. 文心一言

由百度开发的大规模多模态预训练模型文心一言，除了具备强大的文本生成能力，还在图像识别及理解方面表现出色。文心一言官网如图 7-2 所示。这使得其能够在图文结合的内容创作中发挥重要作用，例如自动生成带有精美插图的文章或者设计创意十足的广告海报。

3. 深度求索

深度求索（DeepSeek）是一款专注于代码生成和文本生成的先进 AI 工具（见图 7-3）。虽然 DeepSeek 最初是为编程领域设计的，但强大的自然语言处理能力使其在新媒体内容创作领域中同样表现出色。DeepSeek 的主要特点如下。

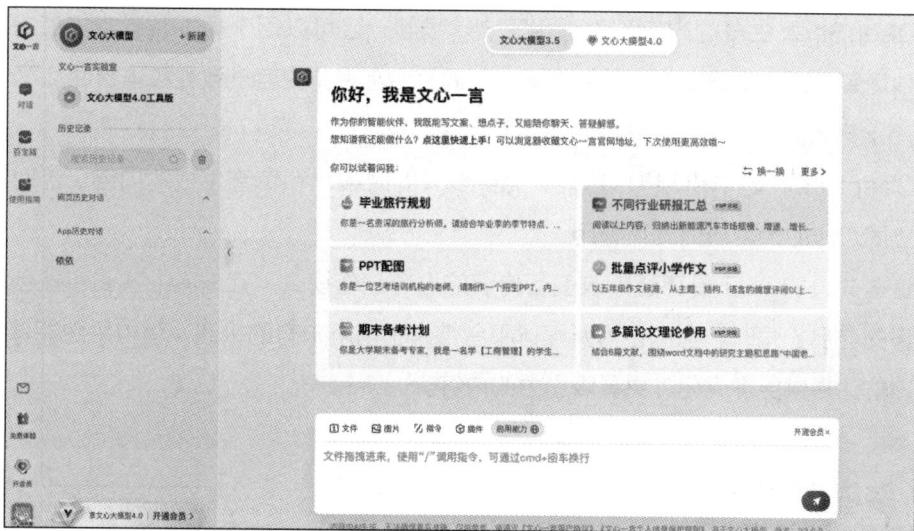

图 7-2　文心一言官网

图 7-3　DeepSeek 官网

（1）多任务处理

DeepSeek 不仅能够生成高质量的文本内容，还支持代码生成、文档编写等多种任务。这使得它成为新媒体从业者的一个多功能工具。

（2）自动生成脚本

对需要频繁制作脚本的新媒体运营者来说，DeepSeek 可以通过简单的提示自动生成完整的脚本。例如，输入一个主题或几个关键词，DeepSeek 就能生成一段结构完整、逻辑清晰的脚本文案。

（3）个性化调整

DeepSeek 允许用户根据具体需求对生成的内容进行个性化调整。无论是调整语气、风格，还是添加特定的信息，都可以轻松实现。

（4）跨平台应用

DeepSeek 生成的内容不仅适用于文字场景，还可以用于短视频脚本、直播脚本等多种场景。这使得新媒体运营者能够在不同平台上保持内容一致性和连贯性。

（5）高效协作

DeepSeek 支持团队协作功能，允许多人同时编辑和审查生成的内容。这对需要多人协同工作的大型项目尤其有用。

这些先进的 AI 工具正逐渐改变着传统的内容创作模式，让非专业人员也能创造出高质量的作品。同时，它们也为新媒体平台带来了前所未有的机遇，使得平台能够给广大用户群体提供更多元化、更具吸引力的内容。

二、多模态模型

多模态 AI 工具能够理解和处理多种类型的数据，如文本、图像、音频和视频等。这种跨模态处理的能力使得多模态 AI 工具在新媒体运营中具有独特的优势。

1. 百度文心大模型

百度文心大模型是一个集文本、图像、语音等多模态于一体的 AI 综合大模型。它不仅支持高质量的文本生成，还能进行图像识别、语音合成等任务。在新媒体运营中，文心大模型可以帮助内容创作者快速生成图文并茂的内容，提高内容的可读性和吸引力。

2. 腾讯混元大模型

腾讯混元大模型是腾讯推出的一款多模态 AI 综合大模型，它融合了自然语言处理、计算机视觉和语音识别等多种技术。混元大模型能够处理复杂的跨模态任务，如文本到图像的生成、图像到文本的描述等。在新媒体运营中，混元大模型可以帮助内容创作者丰富内容形式，如自动生成与文本内容相匹配的图像或视频。

3. Sora视频生成式AI

Sora 视频生成是一款专注于视频生成的多模态 AI 综合大模型。它能够通过输入文本描述或图像素材，生成高质量的视频内容。这种视频生成能力在新媒体运营中尤为重要，因为视频已经成为吸引用户注意力的重要形式。利用 Sora 视频生成工具，内容创作者可以快速制作出与文本内容相匹配的短视频，提高内容的传播效果。

> **📚 经验之谈**
>
> 　　AI 目前正在飞速发展和进步，文中所介绍的 AI 工具只是在目前这个时间节点相对领先的工具，在未来可能会有更多、更先进、更智能的工具出现。我们了解、学习 AI 必须站在不断变化的视角之上，不断迭代认知，与时俱进，才能用好这些工具提高创作效率。

任务二　人工智能在新媒体创作中的深度应用

在新媒体内容创作领域，人工智能技术已经渗透到了各个环节，从最初的灵感激发到最后的内容发布，人工智能都在扮演着越来越重要的角色。以下详细探讨人工智能在新媒体创作中的几个主要的应用方向。

一、文本创作：从脚本生成到个性化文案优化

1. 获取灵感

① 输入关键词或主题：输入关键词或主题，让 AI 工具生成相关的灵感和创意。使用文心一言进行案例演示如图 7-4 所示。

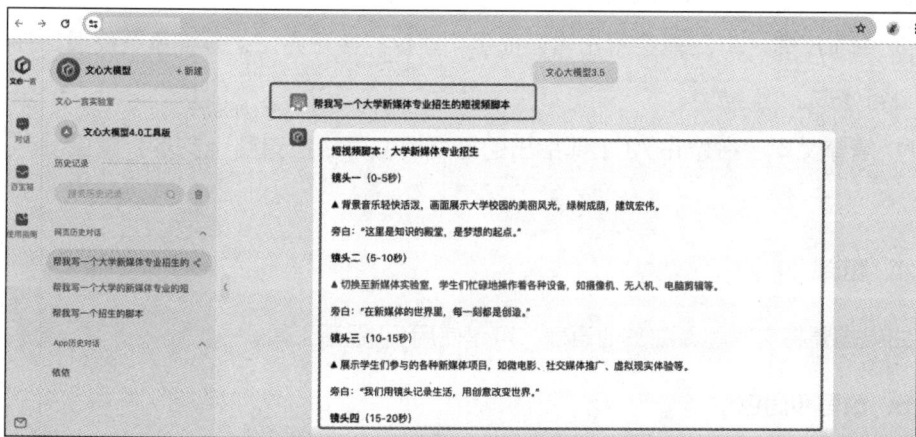

图 7-4　使用文心一言进行案例演示

② 提出问题：向 AI 工具提问，例如"如何写一个关于某主题的故事"或"给我一些关于某主题的创意"。

③ 参考案例：在 AI 工具中查找与你的主题类似的已有的作品，从中获取灵感。

④ 多尝试：尝试不同的 AI 工具和方法，看看哪个工具和哪种方法更适合你的创作风格和需求。

2. 扩充内容

将已有的文本输入 AI 工具，让它提供更多的描述和细节，丰富文本内容。

① 提供更多细节：输入一些关键词或简短描述，让 AI 工具根据这些信息生成更详细的内容。

② 设置提示词：告诉 AI 工具希望扩充的方向或风格，比如增加描述、举例说明、比较对比等。

③ 逐步引导：先让 AI 工具生成一个基础内容，然后根据需要逐步提出更多要求，逐步完善和扩充内容。

④ 多角度思考：以不同的角度和观点进行提问，激发 AI 工具提供更全面和丰富的内容。

⑤ 结合其他信息：将已有的文本、数据或知识与 AI 工具的输出相结合，进一步扩充和深化内容。

3. 检查语法和拼写

利用 AI 工具检查文本中的语法和拼写错误，提高文本的准确性。

① 粘贴文本：将你要检查的文本粘贴到 AI 工具的输入框中。

② 运行检查：启动 AI 工具的检查功能，它会分析文本并指出可能存在的语法和拼写错误。

③ 查看反馈：AI 工具会给出错误提示和建议的修正方法。仔细查看反馈，并根据需要进行修改。

④ 复查文本：在修正 AI 工具指出的错处后，再次检查整个文本，确保没有其他错误。

4. 翻译

如果需要将文本翻译成其他语言，可以使用 AI 翻译工具。

5. 改写和润色

将文本交给 AI 工具进行改写和润色，使其更流畅和易读。

① 粘贴文本：将需要改写和润色的文本粘贴到 AI 工具的输入框中。

② 设置要求：根据需要，选择改写的程度（轻度、中度或重度），以及剧情等其他相关设置。

③ 启动改写：点击工具中的"执行"按钮，让 AI 工具开始处理文本。

④ 审查和编辑：仔细检查改写后的文本，确保其与原意保持不变，并且语法和逻辑正确。根据需要进行进一步的编辑和修改。

⑤ 寻求多种结果：有些 AI 工具可能会提供多个改写选项，可以查看不同的选项对应的改写结果，选择最适合的一个。

二、视觉设计：AI 工具辅助封面、海报与短视频制作

对视觉设计师而言，如何高效地制作出吸引用户关注的作品始终是一项挑战。幸运的是，现在有许多优秀的 AI 工具可以帮助解决这一难题。

首先，在产品图设计方面，一些基于深度学习的图像生成软件能够根据用户提供的关键词，自动生成美观且富有创意的设计方案。这样既节省了时间成本，又保证了作品质量。图 7-5 为使用"豆包"工具生成的产品图片。

图 7-5 使用"豆包"工具生成的产品图片

其次，在海报制作过程中，AI 同样可以发挥作用。通过对大量优秀案例的学习，很多 AI 工具已经具备了一定程度上的审美判断力，能够推荐合适的色彩搭配、字体样式甚至是布局安排。当然，如果用户有特殊需求，也可以手动调整参数直至满意。

另外，随着短视频逐渐成为主流传播形态之一，如何快速产出高质量视频内容也成为很多新媒体工作者关心的问题。为此，市面上出现了不少专门用于视频剪辑和特效添加的 AI 工具。其不仅支持一键导入素材文件，还能智能识别关键帧并自动添加过渡效果，大大简化了后期制作流程。有些高级版本甚至允许用户上传自己的模板库，以便日后重复使用。

总而言之，有了这些强大而便捷的 AI 工具，即使是没有深厚美术功底的人士也能轻松打造出令人眼前一亮的视觉作品。

任务三　数据驱动与 AI 赋能的新媒体运营

随着大数据时代的到来，新媒体运营的决策制定越来越依赖于数据分析。而 AI 技术在新媒体运营中起到了至关重要的作用，它不仅能够帮助企业更好地理解用户行为模式，还能通过智能推荐算法优化流量分配，甚至在舆情监测与危机公关方面也展现出巨大潜力。

一、用户行为分析与精准画像

用户行为分析是指通过对用户在线活动产生的各种数据进行收集整理，并运用统计学方法对其进行深入挖掘的过程。这些数据包括但不限于浏览记录、搜索关键词、点击率、停留时间等。借助 AI 算法，新媒体平台可以从海量信息中提炼出有价值的信息点，进而构建出详细的用户画像。所谓用户画像，就是指根据用户的兴趣偏好、消费习惯等因素所形成的综合描述。有了准确的用户画像之后，运营人员就可以更有针对性地推送相关内容，提高转化率。

例如，一家专注于健身领域的自媒体账号可能会发现其粉丝群体中有很大一部分是职场女性，她们关注的重点在于如何在忙碌的工作之余保持良好体型。基于这一洞察，该账号便可以策划一系列关于办公室简易锻炼方法的文章或视频，从而吸引更多潜在用户的关注。此外，通过持续跟踪用户反馈情况，还可以不断调整策略以满足市场需求变化。某平台用户画像页面示意如图 7-6 所示。

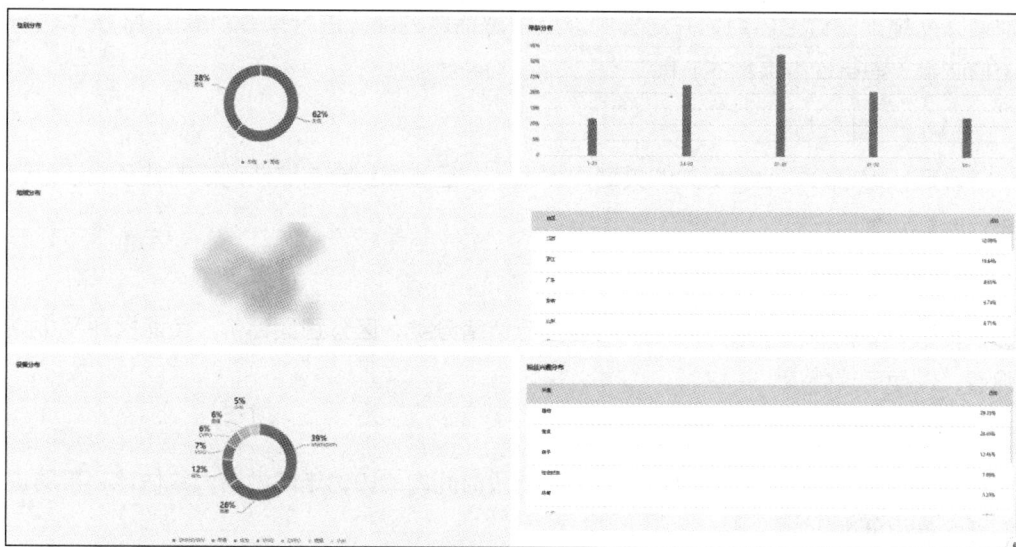

图 7-6　用户画像页面示意

二、智能推荐算法与流量优化

智能推荐算法是数据驱动新媒体运营的重要手段之一。通过分析用户的行为数据和画像信息，可以制定出更加精准的推荐策略，提高内容的曝光率和点击率。

1. 抖音算法解析

抖音是一款以短视频为主要内容形式的新媒体平台。其智能推荐算法通过分析用户的行为数据和画像信息，为用户推荐符合其兴趣和偏好的短视频内容。这种推荐算法不仅提高了内容的曝光率和点击率，还增强了用户的参与度和黏性。

2. 小红书算法解析

小红书是一款以生活方式和购物分享为主要内容的新媒体平台。其智能推荐算法同样通过分析用户的行为数据和画像信息来制定推荐策略。与抖音不同的是，小红书更加注重用户之间的社交互动和分享行为。因此，在小红书的推荐算法中，用户之间的互动和分享行为数据也是重要的参考因素。

三、舆情监测与危机公关的 AI 解决方案

在新媒体时代，任何负面消息都可能迅速扩散并对企业造成严重影响。因此，及时掌握舆论动态并采取有效应对措施变得尤为重要。AI 技术可以帮企业实现全天不间断

地追踪网络上的讨论热点，并对其中涉及敏感话题的部分进行预警。借助 AI 技术进行舆情监测主要包括以下几个方面。

（1）关键词过滤

设定一组与公司业务相关的关键词列表，一旦监测到含有这些词汇的帖子或评论就会立即触发警报。

（2）情感分析

利用自然语言处理技术对文本内容进行情绪分类，区分正面评价、负面批评及中立观点，以便后续处理。

（3）趋势预测

基于历史数据建立数学模型，对未来一段时间内的舆论走向做出大致估计，帮助企业提前做好准备。

（4）报告生成

定期汇总所有相关信息，形成可视化报表供高层管理者参考决策。

当确实发生危机事件时，AI 还可以协助公关团队快速响应。比如自动生成标准回复模板，减少人工回复环节的耗时；或者利用聊天机器人向受影响用户发送安抚信息，缓解紧张局势。总之，通过合理利用 AI 工具，企业在面对突发状况时将变得更加从容不迫。

任务四　在直播与互动场景中的创新实践

直播作为一种新兴的传播形式，近年来受到了广泛关注。直播不仅改变了人们获取信息的方式，也为品牌营销提供了新的途径。而人工智能技术的应用，则进一步推动了这一领域的发展，尤其是在虚拟直播间打造和直播数据分析等方面展现出了巨大潜力。

一、虚拟直播间与数字人 IP 打造

传统的直播间通常需要搭建实体场地，并配备专业设备才能开展活动。然而，随着技术进步，现在已经有条件创建完全数字化的虚拟空间供主播们使用。这些虚拟直播间不仅可以模拟现实世界中的各种场景（如演播厅、教室等），而且具备高度可定制性，允许用户自由调整背景画面、灯光效果甚至是音效设置。更重要的是，通过集成先进的图形渲染引擎技术，虚拟直播间能够呈现出逼真的视觉效果，带给用户身临其境般的沉

浸式体验。

与此同时，数字人 IP 的概念也在逐渐兴起。所谓数字人，是指由计算机生成的虚拟形象，既可以作为主播参与直播互动，也可以担任品牌形象大使的角色。相比真人，数字人在外观设计上有更大的自由度，可以根据品牌定位量身定制独一无二的形象。此外，由于不受生理条件限制，数字人能够连续工作很长时间而不感到疲劳，非常适合长时间的直播活动。更重要的是，通过集成自然语言处理模块，数字人能够与用户进行实时对话交流，营造亲切友好的互动氛围。图 7-7 所示为某品牌利用数字人直播页面。

图 7-7　利用数字人直播页面

为了成功打造数字人 IP，首先需要确定其性格特点、外貌特征等基本信息。接下来，可以利用三维建模软件创建出初步模型，并通过动作捕捉技术为其赋予生动的表情和肢体语言。最后，经过反复调试优化，呈现出一个既有个性又有亲和力的虚拟人物。在整个过程中，AI 技术发挥了关键作用，从最初的设计阶段到后期的交互实现，每一步都离不开 AI 的支持。

二、直播数据预测与 GMV 提升策略

对从事电商直播的企业来说，如何提高 GMV 一直是他们最关心的问题之一。而在

这一点上，AI 同样能够提供有力的帮助。通过对历史交易数据进行分析，可以发现影响销售量的各种因素，如促销力度、商品种类、主播人气等。基于这些洞察，企业就能够制定出更加科学合理的经营策略，从而实现业绩增长的目标。

具体而言，AI 可以通过以下几种方式助力 GMV 提升。

（1）精准选品

根据目标用户的兴趣偏好筛选出最受欢迎的商品组合，提高其购买意愿。

（2）动态定价

根据市场需求变化适时调整价格策略，确保产品竞争力的同时最大化利润空间。

（3）智能推广

利用个性化推荐算法向潜在用户推送相关信息，增加曝光机会。

（4）互动优化

通过分析用户反馈情况不断改进直播内容，增强用户黏性。

（5）风险控制

及时发现异常波动并采取应对措施，以避免经济损失。

总之，通过充分利用 AI 技术，直播行业的参与者们将能够更好地把握市场脉搏，实现企业或品牌的可持续发展。

任务五　人工智能的伦理与风险管控

尽管 AI 技术为新媒体带来了诸多便利和发展机遇，但随之而来的伦理问题和安全风险也不容忽视。这些问题如果不妥善解决，可能会对行业发展产生负面影响。因此，在享受 AI 带来的红利时，我们必须时刻警惕并采取相应措施以保护各方利益。

一、版权争议与 AI 内容合规性

随着 AI 技术在内容创作中的广泛应用，版权争议和 AI 内容合规性成了亟待解决的问题之一。

1. 版权争议问题

在内容创作中，AI 工具可能会生成与现有作品相似的内容从而引发版权争议问题。为了避免这种问题的发生，需要加强对 AI 内容生成过程的监管和管理，确保生成的内容具有独特性和创新性。

2. AI内容合规性

除了版权争议问题，AI 内容的合规性也是亟待解决的问题之一。在内容创作中需要确保生成的内容符合相关的法律法规和道德规范，避免出现违法违规或不良导向的内容。为了实现这一目标，有关部门需要加强对 AI 内容生成算法的监管和管理，确保其能够生成符合法律法规和道德规范的内容。

二、数据隐私与用户信息安全

在新媒体运营过程中，不可避免地会涉及大量用户个人信息的收集与处理。如果缺乏有效的保护措施，很可能会造成数据泄露，严重损害企业和用户之间的信任关系。为此，必须建立健全的安全管理体系，包括但不限于以下几项。

（1）加密传输

采用高强度加密算法保障数据在传输过程中的安全性。

（2）权限管理

严格控制内部员工访问敏感信息的权限，防止滥用职权。

（3）定期检查

定期对信息系统进行全面检查，及时发现并修复漏洞。

（4）用户教育

加强对用户的隐私意识培养，提醒他们谨慎分享个人信息。

只有当每个人都充分认识到数据保护的重要性，并付诸实际行动时，才能真正构建起一道坚不可摧的安全防线。

任务六　实战训练：AI 工具综合应用案例

为了帮助大家更好地理解和掌握上述理论知识，下面通过两个具体案例来演示如何在实际新媒体运营工作中运用 AI 工具解决问题。

一、案例 1：用 DeepSeek+Canva 快速生成爆款图文

假设你是一名负责运营微信公众号的新媒体编辑，最近接到一项紧急任务——要在三天内完成一篇关于"秋季养生"的专题文章。面对如此紧迫的时间，可以结合使用

DeepSeek 和 Canva 这两款强大的 AI 工具。

　　首先，打开 DeepSeek 网站，在搜索框内输入关键词"秋季养生"，稍等片刻就能得到一份包含多个段落的初稿。接下来，仔细阅读初稿，挑选出最符合主题要求的部分进行二次加工。在这个过程中，你可以根据实际情况添加自己的见解或是引用权威来源的数据支持论点，从而使文章更具说服力。

　　当文字部分完成后，下一步就是配图了。进入 Canva 官网，选择"博客封面"模板类别，找到一款你喜欢的设计风格，然后点击"自定义"按钮进入编辑界面。在这里，你可以上传刚刚写好的文档摘要作为标题，并从内置的图片库中挑选与秋季相关的元素进行点缀。此外，还可以调整字体大小、颜色及背景图案等细节，直到达到满意的效果为止。

　　最后，保存好成品图片，回到微信公众平台后台将其插入到文章中对应位置即可。这样一来，不仅大大缩短了制作周期，而且还能保证最终呈现出来的作品兼具美感与实用性。图 7-8 所示为 AI 生成的文章配图。

图 7-8　AI 生成的文章配图

二、案例 2：基于 AI 数据分析的精准"涨粉"策略

　　假设你正在运营一个抖音账号，并希望能够快速积累更多忠实"粉丝"，那么可以借助 AI 工具进行数据分析，制订更加高效的运营"涨粉"计划，具体做法如下。

1. 确定目标用户

　　首先，你需要明确自己希望吸引哪一类用户的关注。可以通过调查问卷、竞品分析等方式收集相关信息，了解他们的年龄分布、职业特点、兴趣爱好等基本特征。

2．收集数据样本

接下来，利用 AI 工具抓取同类账号下热门视频的相关数据，包括播放量、点赞数、评论数等。注意，这个过程必须遵守平台规则，不得侵犯他人隐私权。

3．训练预测模型

将上述数据导入 AI 平台，训练出一个能够预测视频传播效果的模型。该模型应当能够识别出易引起共鸣的题材类型，以及评估表现手法影响力。

4．实施推广计划

根据模型输出的结果，有针对性地策划一系列原创视频，并通过合作达人转发、投放广告等形式扩大影响力。同时，密切关注每条视频上线后的表现情况，及时调整策略以求最佳效果。

通过以上步骤，相信你的抖音账号很快就能迎来一波快速增长期。

课后思考与练习

尝试利用 AI 工具完成社交媒体平台的推广文案。

任务情景

你是"金苹果"公司的新媒体运营专员，负责管理一个专注于健康生活方式的内容平台，为了提高用户活跃度和黏性，请结合本项目所学内容，设计一套 AI 辅助运营方案。

实施要求

为该企业在内容生产方面设计全套 AI 辅助解决方案。

实施步骤

选择一个健康生活方式主题（如旅游攻略、美食测评等），利用至少两种不同的 AI 工具协作完成一篇适用于多个社交媒体平台的推广文案，要求字数不少于 500 字，并附带至少一张配图。

PART 08

项目八
新媒体内容的发布与推广

项目导读

　　为提升作品曝光率和知名度，增加"粉丝数"，运营人员需要对发布的新媒体内容进行准确的发布和推广。

　　本项目重点从新媒体内容的发布流程和推广思路出发，介绍新媒体内容的发布与推广的具体操作。

知识目标

| 掌握如何准确地发布短视频内容。
| 熟悉推广新媒体内容的方法。

能力目标

| 能够通过新媒体平台发布内容。
| 能够通过平台提供的推广工具推广新媒体内容。
| 能够利用数据反馈改进新媒体内容。

素养目标

| 新媒体运营往往需要团队协作，培养合作意识，发挥团队优势，共同完成任务。

任务一　如何准确发布新媒体内容

一、找到合适的发布平台

找到适合新媒体内容的发布平台，不仅可以更容易找到目标用户，还能帮助企业更好地建立起品牌形象。准确地发布也能让内容更容易被搜索到，提高内容曝光率。

1. 明确目标定位

根据新媒体内容类型和风格，如娱乐、教育、生活方式、专业教程、音乐短片等，确定适合自己的平台类型。不同的平台可能适合不同类型的内容，例如抖音平台可能更适合娱乐性内容，而哔哩哔哩则可能更适合教育或专业知识分享。

明确目标用户，包括年龄层次、兴趣偏好、地域分布等特征。

2. 调研主流平台

抖音以其强大的算法推荐和年轻化用户群体而著称，尤其适合潮流、娱乐和富有创意的短视频内容。

快手用户覆盖面广，包含多元化的社区内容，适合各年龄段和多种主题的短视频。

小红书是一个生活方式平台和消费决策入口，用户在平台上可以通过短视频、图文等形式记录生活点滴，分享生活方式，并基于兴趣形成互动。

微信视频号依托腾讯社交生态，用户基数大，利于社交传播和品牌营销。

哔哩哔哩聚集大量动漫、游戏爱好者和年轻知识型用户，适合二次元、游戏、教育、纪录片等多种高质量原创内容。

TikTok 面向全球用户，适合打造国际化品牌形象和内容输出。

3. 分析平台特性

每个平台都有各自的特点，包括它们的用户群体、算法机制等。同时每个平台的视频长度限制、内容推荐机制、社区氛围、版权政策各有不同，了解这些细节有助于内容创作。此外，运营人员还应了解平台的商业化模式，例如广告分成、品牌合作机会、商品橱窗功能等，这对变现和长期运营很关键。

① 抖音。作为国内最火爆的短视频平台之一，抖音拥有庞大的用户群体和高流量。它的商业化模式主要有广告投放、电商"带货"、直播打赏等。

② 快手。快手的用户基础很广泛，商业化模式包括广告、直播带货、粉丝打赏等。此外，快手还推出了一些创作者激励计划，为创作者提供更多的商业化机会。

③ 哔哩哔哩。哔哩哔哩以其独特的二次元文化和年轻用户群体而受到关注。它的商业化主要通过广告、会员制度、电商等方式实现，同时也在不断探索虚拟主播、游戏等多元化的商业化途径。

④ 微博。微博是一个信息传播和社交平台，商业化模式包括广告、"粉丝"经济、品牌合作等。微博的热点话题和明星资源使其具有较高的商业价值。

⑤ 小红书。小红书是一个以生活方式分享为主题的平台，商业化模式主要有品牌推广、电商合作、广告投放等。它的用户消费能力较强，对品牌推广有一定的影响力。

4. 评估平台数据

查看平台活跃用户数、日均观看时长、用户黏性等数据，并进行评估，可以帮助创作者判断哪个平台能带来最大的潜在曝光度和互动机会。查看数据可以通过以下途径。

① 平台官网。大多数短视频平台有自己的官网，在官网上可以查看用户数据，包括用户注册信息、用户活跃度、用户评分等。

② 第三方数据分析平台。一些第三方数据分析平台也提供短视频平台的用户数据如飞瓜、蝉妈妈等。这些平台通常提供用户分布、用户行为、用户喜好等数据。

需要注意的是，不同平台的用户数据统计方式和更新频率可能不同，建议以各平台官方公布的数据为准。

5. 测试与调整

运营人员初期可以选择几个主要平台进行内容投放，观察各个平台上的用户反馈和内容表现，根据实际效果调整发布策略和内容方向。

6. 考虑多渠道分发

根据视频内容的普适性，运营人员可以考虑在多个平台上同步发布，扩大覆盖范围，但要注意适应每个平台的独特格式和用户习惯。

① 保证原创和内容质量。运营人员应保证视频是原创的，并且视频内容质量过关，可以先发布到有原创标志账号的平台。

② 及时分发。视频在多平台发布时，间隔的时间不要太长。如果内容质量不错且具有较高价值，应及时发布，以免被其他平台的账号搬运或系统判定为抄袭。

③ 注意平台规则。不同平台的规则和用户喜好可能有所不同，运营人员发布内容时需要注意适应不同平台的要求和规范。

④ 避免盲目变更内容。不要为了点击率或者流量的红利而盲目进行内容变更。平台算法会根据内容的质量和用户的喜好来推送更多的流量。

⑤ 多平台布局。多平台布局可以增加影响力，抵御平台的不确定性因素，但需要注意不同平台的规则和用户喜好。

二、内容的封面、标题、简介和话题

新媒体内容的封面、标题、简介和话题是用户在海量内容中快速扫描时首先接触到的部分，因此对视频的流量有着重要的正向意义。

1. 新媒体内容封面

封面应能够快速抓住用户眼球，因此应该具备以下几个特点以吸引更多点击和观看。

① 突出亮点。封面应准确地反映视频或图文内容的亮点。运营人员在设计封面时可以使用高清、色彩鲜艳、对比强烈的图片或动图，能够迅速吸引用户注意力。如果视频中有令人惊讶、有趣或引人入胜的部分，特别是那些富有情绪张力或戏剧性的画面。将这些元素放在封面上，可以迅速吸引用户的注意力。

② 固定账号风格。保持一致的风格可以加深用户对频道或个人品牌的印象，使主页看起来更加专业和有吸引力，如图 8-1 所示。

图 8-1　固定账号风格

③ 清晰传递信息。封面应简洁明了地传达视频的核心主题或亮点，让用户一眼就能识别出视频的内容概要。运营人员可以使用图文结合的方法，通过标题和简短文字说明，强化主题信息，同时避免过多文字影响美观和阅读体验。

④ 保持品牌一致性。封面内容需要保持风格统一符合频道或个人品牌的整体视觉风格，使用户能从众多内容中辨识出账号的独特标识。

⑤ 结合热点。巧妙结合当下热门话题或流行元素，引起用户的好奇心和兴趣。

⑥ 遵守平台规则。不同的短视频平台可能有不同的封面要求和规则，遵循这些规则可以避免封面被屏蔽或被"限流"。

因此一个受欢迎的短视频封面应该是既具有吸引力又具有信息传递功能的，能够在短短几秒内激发用户的好奇心和观看欲望。同时，运营人员应通过持续观察和测试，优化封面设计，使之更符合目标用户的喜好，这是提升短视频点击率的重要策略。

2. 新媒体内容的标题和简介

设计新媒体内容的标题和简介是一个创意和策略结合的过程，目的是吸引用户点击并观看视频。一个好的标题和简介可以有效地提高内容点击率和用户停留时长。

① 简洁明了地概括内容。标题应当简短有力，快速传达作品核心内容，直观展现作品主题，一般控制在 10 至 30 个字。简介可以扩展补充标题内容，提供更多与作品内容有关的细节，用一句话或一小段话简述作品的主题和看点，帮助用户快速理解作品的核心价值。图 8-2 所示为简洁明了的标题示意。

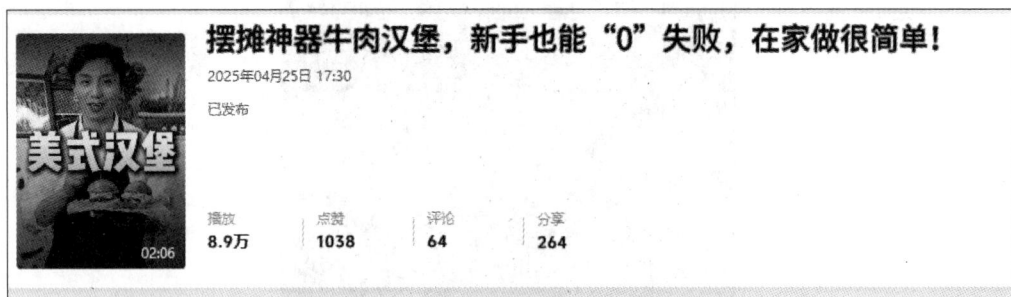

图 8-2　简洁明了的标题示意

② 激发好奇心。标题应该能够吸引用户的注意力，激发用户的好奇心，让他们想要点击观看。可以使用问句或者制造悬念，例如，"你绝对想不到的结果！""这样做真的有效吗？"，让用户想要点开视频寻找答案。

③ SEO 优化。确保标题中包含相关的关键词，这样有助于提升作品在搜索结果中的排名和曝光率。

④ 使用数字和排名。数字和排名（如"5 个技巧""前 3 名"）可以清晰地告诉用

户他们可以获得什么，所以通常这类标题更吸引人。

⑤ 时效性。如果视频内容与当前热门话题或事件相关，可以在标题中体现出来。

⑥ 互动邀请。鼓励用户参与互动，例如在作品简介中提出问题，邀请用户在评论区分享观点，或提示用户点赞、分享、订阅等。

⑦ 适当使用表情符号。适当使用表情符号可以增加简介的吸引力，但应注意适度，确保不会显得不专业。

📕 **经验之谈**

好的标题和简介举例如下。

标题：《5分钟学会蛋糕裱花！新手也能轻松上手的超实用技巧》

简介：本视频详细展示了零基础入门级蛋糕裱花技巧，跟着步骤一步步操作，保证你能快速掌握并创作出美丽的蛋糕作品，记得收藏并分享给同样热爱烘焙的朋友哦！

---

3. 新媒体内容的话题

在短视频平台如抖音、快手等发布短视频时提到的"话题"，指的是用户在视频标题或描述中添加的一个带有井号（#）的关键词或短语，通常用来标识和组织视频内容，使之归属于某一特定主题或活动中。例如，"# 办公室日常""# 美食制作""# 旅游打卡"等。添加话题示意如图 8-3 所示。

图 8-3　添加话题示意

添加话题的作用主要包括以下五点。

① 内容分类与聚合。同一话题下的所有视频会被系统归类在一起，用户可以通过浏览话题页面查看到相关主题的所有视频，便于用户发现和观看相似内容。

② 增加曝光度。参与热门话题可以让视频更容易被算法推荐给对此话题感兴趣的用户，从而增加视频的播放量和互动量。

③ 联动效应。参与官方或用户发起的特定话题挑战，有助于创作者融入社区活动，与其他用户产生互动，形成内容上的联动效应。

④ 优化搜索与发现。带有话题标签的视频在搜索结果中也会更容易被检索到，有利于扩大视频的可见范围。

⑤ 紧跟热点。通过加入与当前热点事件相关的话题，创作者可以借势热点流量，提高自己的视频关注度。

总体来说，短视频发布时添加话题是为了更好地组织内容、匹配用户兴趣、拓宽传播渠道，并且顺应平台推荐机制，提升视频的社交影响力和传播效果。

三、发布后的评论管理

管理评论区是维持良好社区氛围、促进用户互动、提高作品热度非常重要的一环，如图 8-4 所示。以下是一些有效的新媒体内容评论区管理策略。

图 8-4　管理评论区

1．及时回复与互动

对用户的评论要及时回应，尤其是那些提出问题、表达赞赏或给出建议的评论，这能表明对用户声音的重视，增进与用户的距离。运营人员可以采用个性化、亲切的语言与用户互动，回复时表现出真挚和诚意，既可以解答疑问，也能带动更多用户参与讨论。

2．筛选和管理评论

定期查看并审核评论，删除恶意攻击、广告垃圾、违法有害信息，以及其他违反平台规则的评论。对于优质评论，运营人员可以通过点赞、置顶或加精等方式给予认可，让这些高质量内容得到更多曝光。

3．引导讨论与互动

发布作品时，运营人员可在简介中预设一些引导性问题，鼓励用户在评论区留下看法和意见。针对作品内容设置讨论话题，引导用户围绕主题展开讨论，提高评论区的活跃度和用户黏性。

4．营造正面氛围

面对负面评论时，应采取客观冷静的态度处理，积极化解矛盾，必要时公开透明地解释说明，避免争议升级。对于支持和肯定的评论，除了感谢用户的支持，还可借机宣传品牌理念、产品特性或预告未来的作品内容。

5．激励"粉丝"参与

可以设立互动奖励机制，如定期挑选优质评论赠送小礼品、优惠券或专属福利等，以此激励用户更积极地参与评论区互动。

6．监控数据与优化策略

运营人员应定期分析评论区数据，了解用户的关注焦点和情绪变化，根据数据调整内容策略和互动手法。利用后台数据统计工具，找出高互动"粉丝"，培养忠诚度高的社群成员，让他们成为社区的核心力量。

7．遵守平台规定

运营人员应确保评论区的运营符合各平台的相关规定，不发布违规内容，尊重用户隐私，共同维护健康的网络环境。

通过以上方法，可以有效地管理和运营新媒体内容评论区，使评论区成为作品内容之外的另一个价值创造点，成为倾听用户声音、构建品牌形象和深化"粉丝"关系的有效渠道。

任务二　以用户为目标的推广策略

为了更好地提高曝光度与知名度，让创作者的内容出现在更大规模的用户面前，短时间内大幅度提升视频的观看人数，就需要对短视频进行相应的推广。

一、用数据找到精准用户

新媒体平台的用户数据是指在各种新媒体平台上，用户在浏览、互动、消费内容过程中所产生的各类数据信息。这些数据对新媒体运营者和市场营销人员来说具有极高的价值，因为它们可以帮助分析用户行为模式、偏好、活跃度、转化路径等关键指标，进而指导其内容制作、推广策略和商业决策。

1. 用户数据

用户数据包含以下六点。

① 基础用户属性。基础用户属性包括用户 ID、昵称、头像等身份信息，年龄、性别、地域、语言等个人基本信息，兴趣标签、关注的话题、加入的社区等兴趣偏好信息。

② 内容互动数据。内容互动数据包括内容浏览量、播放量、阅读量、下载量等曝光数据，点赞数、收藏数、分享数、评论数等用户互动数据，用户停留时长、跳出率、完播率等用户行为指标。

③ 社交网络数据。社交网络数据包括关注数、粉丝数、好友关系网络、互动频率等社交网络结构数据，用户情感倾向、话题参与度、影响力排名等社会影响力指标。

④ 用户轨迹数据。用户轨迹数据包括用户在平台上的访问路径、页面浏览序列、搜索关键词等行为轨迹，用户从何处点击进入内容、离开时的动作、转化漏斗过程中的流失点等。

⑤ 付费行为数据。付费行为数据包括用户购买记录、充值金额、付费项目、付费频次等消费行为数据，用户对广告的点击与转化、每用户平均收入（Average Revenue Per User，ARPU）等商业化数据。

⑥ 个性化数据。个性化数据包括用户偏好内容类型、观看时段、设备类型等有个性化特征的数据，用户反馈、投诉、建议等与主观表达相关的数据。

2. 利用好新媒体平台后台

新媒体平台一般会提供后台管理系统，允许内容创作者和企业账号查看详细的用户数据报告，此外，合法合规地运用大数据分析技术和算法模型，可以帮助企业和运营者深度挖掘用户价值，提升用户体验，优化产品设计和营销策略。

利用这些找到精准用户，提高点击率和转化率是需要创作者进行精细运营的过程，通常涉及以下步骤。

① 用户画像分析。后台数据分析功能可以帮助创作者了解现有"粉丝"及互动用户的基本特征，如年龄、性别、地理位置、兴趣标签等。这些信息有助于构建目标用户画像。分析高互动作品的数据，查看哪些类型的作品内容受到特定用户群体的欢迎，从而明确这类用户的需求和偏好。微博用户画像示意如图 8-5 所示。

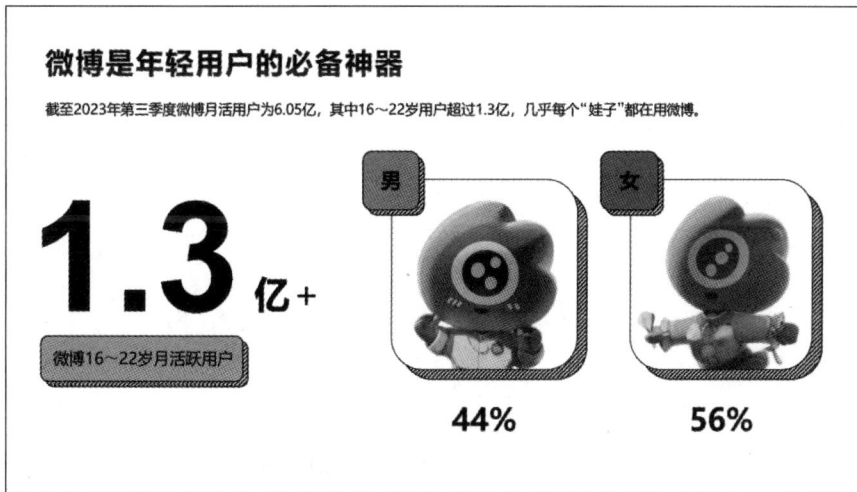

图 8-5　微博用户画像示意

② 内容分析与优化。通过分析视频观看完成率、点赞、评论、分享等互动数据，找出最受欢迎的内容类型和主题，据此调整内容策略，产出更符合目标用户喜好的视频。

③ 流量来源洞察。观察内容的流量来源渠道，了解哪些推广活动或者推荐机制带来了精准用户，便于后续集中精力在效果显著的渠道上。流量来源洞察如图 8-6 所示。

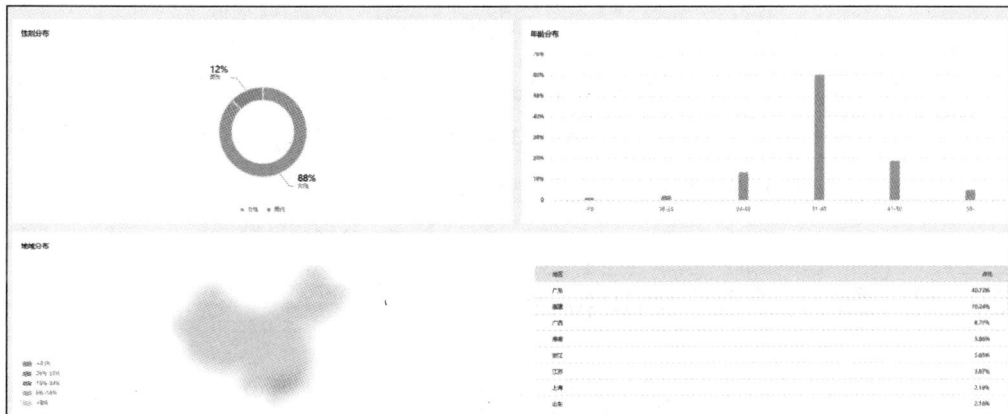

图 8-6　流量来源洞察

④ 定向推广与广告投放。大多数新媒体平台提供了广告管理系统，可以通过设置定向条件（例如年龄段、地区、兴趣标签等）来精准投放广告给潜在用户群，如图 8-7 所示。运营人员在后台创建并管理广告系列时，应运用平台提供的数据分析工具，实时监控投放效果，不断优化广告素材、定位选项和出价策略。

图 8-7　定向推广与广告投放设置定向条件页面

⑤ 数据分析与 AB 测试。运营人员应定期进行数据分析，查看不同时间段、不同内容风格下的用户行为差异，并针对不同用户群体进行 AB 测试，找出最有效的获客策略。结合热点事件、节日营销等节点，针对性地创作内容，并观察此类内容对精准用户产生的影响。

⑥ 社群互动与用户管理。运营人员应利用后台的用户管理功能，及时回复用户的评论和私信，通过互动建立关系网，进而挖掘潜在用户。对已经关注的"粉丝"或主动联系的用户，可以通过后台数据进一步细化分类和管理，推送定制化消息和服务。

在新媒体平台后台，通过对各项数据指标的深入研究和应用，运营人员可以逐渐筛选和吸引到与品牌或产品高度契合的精准用户群体。同时，结合平台的用户标签系统和广告定向工具，能够实现更加精确的用户定位和推广。

二、用付费的方式推广新媒体内容

对创作者和企业来说，付费推广是比较常用的推广方式，能够有效地提高新媒体内容的曝光度和知名度。而且通过付费推广可以实现精准定向，依据用户的地理位置、年龄、性别、兴趣标签等维度进行投放，确保内容触达目标用户群体，提升广告效果。对企业来说内容付费推广是一种高效的在线营销工具，能够在较短的时间内完成新产品发布、促销活动推广、品牌故事讲述等多元化营销任务，帮助企业迅速扩大市场份额。

付费推广主要是利用平台提供的推广工具来完成的，这里以抖音后台的"DOU+"为例，为大家讲解如何进行付费推广。

1. 选择推广视频

首先，确定要推广的短视频内容，确保视频质量高、内容吸引人，且与目标用户匹配。优质的视频内容才能提高转化率和投资回报。

2. DOU+推广操作

在抖音 App 内，找到想要推广的视频，点击视频下方的分享按钮，通常会看到"DOU+ 速推"的选项。进入 DOU+ 推广界面后，可以选择不同的投放方案，包括但不限于按播放量、点赞、"粉丝"增长等多种目标进行投放。

3. 设置投放目标与预算

根据投放目标设定预算，例如希望达到一定播放量或吸引更多"粉丝"关注，系统会按照每 5 000 播放量对应的基础费用进行计费，可以选择不同额度的资金投入设置投放目标与预算如图 8-8 所示。

可以选择系统智能推荐的投放人群，也可以自定义投放人群，根据年龄、性别、地域、兴趣标签等维度进行精准定向投放。选择自定义定向投放的投放人群如图 8-9 所示。

图 8-8　设置投放目标与预算　　图 8-9　选择自定义定向投放的投放人群

4．监控投放效果

投放 DOU+ 后，运营人员可通过抖音后台查看推广进度和效果数据，包括播放量、点赞数、评论数及新"粉丝"增长情况等。根据投放数据进行调整优化，如果某种投放策略效果不佳，可以及时调整推广计划。

提高投放效率的小贴士如下。

（1）精准定位

确保账号定位清晰，视频内容与目标用户相匹配，这样付费推广才能更有针对性。

（2）创意内容

强调视频创意，有趣、有价值的内容更容易引发用户的关注和互动，进而提高转化率。

（3）合理安排投放时间

根据目标用户的活跃时段进行投放，抓住流量高峰窗口，提高投放效率。

（4）持续优化

不断分析投放后的数据，总结经验教训，调整投放策略，持续优化推广效果。

以上就是在抖音等短视频平台上使用付费工具推广短视频的一般流程和策略。这里需要注意的是，平台的具体规则和功能可能会随时间和版本更新而有所变化，实际操作时请参照最新的官方说明。

三、根据数据反馈调整新媒体内容

数据能充分体现新媒体内容的受欢迎的程度，根据数据反馈来调整改进新媒体内容是一种科学的内容优化方法。以下以短视频内容为例进行讲解。

1．收集和整理数据

利用短视频平台的后台数据分析功能，收集关于视频的各项数据，如播放量、点赞数、评论数、转发量、完播率、观看时长、用户留存率、"粉丝"增长情况等。分析用户画像，了解用户的年龄分布、性别比例、地域分布、兴趣标签等信息。

2．内容性能评估

深入对比各个视频的表现，找出表现最佳和最差的视频，分析其特点和原因。比如，播放量最高的视频可能是因为选题热门、标题吸睛、封面引人注意、开头抓人等。审视低互动或完播率低的视频，思考是否存在内容过于冗长、主题不鲜明、节奏把握不当、结尾处理不够吸引人等问题。

3. 用户反馈分析

细读评论区的用户留言，了解用户对视频的真实感受和需求。积极回应用户的疑问和建议，从中寻找改进的方向。同时要注意查看负面评价，它们往往能揭示视频中存在的问题和不足之处。

4. 内容策略调整

根据数据反馈，调整内容策略。例如，如果发现某一类主题或风格的视频受欢迎，可以增加该类内容的产出；反之，若某类内容反响平平，则应减少投入或尝试改变表现方式。可以考虑优化视频长度，如果数据显示用户倾向于短小精悍的内容，那么尽量保持视频紧凑、重点突出；如果用户愿意长时间观看，那么可以考虑制作系列长视频。

5. 进行AB测试

对于不确定的内容创新，运营人员可以制作两个版本的短视频进行 AB 测试，看哪种形式更能吸引用户、产生更好的互动效果。

6. 跟踪优化效果

在实施内容优化措施后，运营人员应继续关注相关数据的变化，看改进措施是否取得预期效果。如果没有明显改善，还需继续探索和调整。

通过以上步骤，借助真实数据反馈不断迭代优化短视频内容，能够更好地满足用户需求，提升用户黏性，增强品牌影响力，最终实现短视频账号的良性发展。

四、实战训练：为新媒体内容制作封面、标题和话题

1. 实战目标

本次实战训练是制作新媒体内容的封面、标题和简介，以及根据用户找到适合的话题。

2. 实战要求

本次实战要求主要如下。

（1）用 AI 软件辅助制作出短视频内容封面。

（2）根据视频内容主题撰写短视频的标题和简介，并找到相对相应的话题。

3. 实施步骤

（1）打开 AI 软件根据设计要求和文案制作封面。

（2）分析视频内容，找到主题，撰写出标题。

（3）对标题进行扩充，写出视频简介。

（4）结合视频内容和热点在话题列表中找到适合的话题。

课后思考与练习

任务情境

新媒体内容的发布及数据分析是新媒体内容运营的最后环节，"金苹果"公司在内容发布后需要关注哪些数据指标才能更好地迭代优化新媒体内容？

实施要求

观察该企业新媒体内容发布后的数据反馈并罗列出优化建议。

实施步骤

请同学们思考新媒体内容发布后需要观测的数据都有哪些，如何优化这些数据，并填写表 8-1。

表 8-1　新媒体内容数据指标及优化建议

发布后的数据指标	优化建议